——————— 国家自然科学基金项目
——————— 云南省"万人计划"教学名师潘玉君工作室
——————— 国家级一流本科课程、云南省博士生优质课程

地理学思想史

空间秩序识别与划分通史

上册

潘玉君　刘　化　等著

中国社会科学出版社

图书在版编目（CIP）数据

地理学思想史：空间秩序识别与划分通史：全2册 / 潘玉君等著. -- 北京：中国社会科学出版社，2024. 12. -- ISBN 978-7-5227-4612-8

Ⅰ. K90-09

中国国家版本馆 CIP 数据核字第 2024VM2826 号

出　版　人	赵剑英
责任编辑	孔继萍
责任校对	刘　娟
责任印制	郝美娜

出　　版	中国社会科学出版社
社　　址	北京鼓楼西大街甲 158 号
邮　　编	100720
网　　址	http://www.csspw.cn
发 行 部	010-84083685
门 市 部	010-84029450
经　　销	新华书店及其他书店
印　　刷	北京君升印刷有限公司
装　　订	廊坊市广阳区广增装订厂
版　　次	2024 年 12 月第 1 版
印　　次	2024 年 12 月第 1 次印刷
开　　本	710×1000　1/16
印　　张	34
字　　数	518 千字
定　　价	208.00 元（全 2 册）

凡购买中国社会科学出版社图书，如有质量问题请与本社营销中心联系调换
电话：010-84083683
版权所有　侵权必究

编辑委员会

顾　问　郑　度　杨勤业

主　编　潘玉君　刘　化

编　委（以姓氏笔画为序）

　　　　丁文荣　马立呼　马佳伸　冉正超　吕赛鹆
　　　　华红莲　刘　化　刘佳琪　刘　玉　孙金琳
　　　　孙　俊　李　佳　李可可　李　润　李　萍
　　　　李晓莉　李玉琼　朱仕薇　何开喜　杨　倩
　　　　杨晓霖　肖　航　肖　翔　吴菊平　辛会杰
　　　　汪顺美　张谦舵　陈永森　范　玉　林晓婉
　　　　林昱辰　郑省念　周　毅　郝君倩　姚　辉
　　　　俞颖笑　高庆彦　唐金蓉　晏祥选　韩丽红
　　　　蒋仁琼　彭　琪　潘玉君　潘薪羽

一个民族想要站在科学的最高峰，就一刻也不能没有理论的思维。

每一个时代的理论思维（我们这一时代的理论思维也是如此）都是一种历史的产物，在不同的时代具有非常不同的形式并且具有非常不同的内容。

——恩格斯

总目录

上 册

第一章 空间秩序：公元1840年以前 …………………………… (1)

第一节 禹贡时期的空间秩序 ………………………………… (1)

第二节 九州、五岳与五服中的空间秩序 …………………… (1)

第三节 夏、商、周时期的空间秩序 ………………………… (2)

第四节 《殷代地理简论》中的空间秩序 …………………… (2)

第五节 西周时期的空间秩序 ………………………………… (3)

第六节 公元前7世纪的空间秩序 …………………………… (4)

第七节 T-O地图中的空间秩序 ……………………………… (5)

第八节 "邹衍大九州学说"中的空间秩序 ………………… (6)

第九节 秦朝的空间秩序 ……………………………………… (7)

第十节 西汉的空间秩序 ……………………………………… (9)

第十一节 《史记·货殖列传》中的空间秩序 ……………… (11)

第十二节 新莽时期的空间秩序 ……………………………… (15)

第十三节 东汉的空间秩序 …………………………………… (16)

第十四节 《汉书·地理志》中的空间秩序 ………………… (17)

第十五节 三国时期的空间秩序 ……………………………… (21)

第十六节 西晋的空间秩序 …………………………………… (24)

第十七节 东晋的空间秩序 …………………………………… (26)

第十八节 十六国时期的空间秩序 …………………………… (28)

第十九节 南朝的空间秩序 …………………………………… (29)

第二十节　北朝的空间秩序 ………………………………………… (37)
第二十一节　《隋书·地理志》中的空间秩序 …………………… (42)
第二十二节　《体国经野 历代行政区划》中的空间秩序 ……… (49)
第二十三节　"九域守令图"中的空间秩序 ……………………… (79)
第二十四节　《元史》中的空间秩序 ……………………………… (80)
第二十五节　《〈明史·地理志〉疑误考正》中的空间秩序 ……… (82)
第二十六节　《广舆图》中的空间秩序 …………………………… (84)
第二十七节　《五岳游草》中的空间秩序 ………………………… (85)
第二十八节　《大中国志》中的空间秩序 ………………………… (87)
第二十九节　《读史方舆纪要》中的空间秩序 …………………… (88)
第三十节　远东、中东、近东的空间秩序 ………………………… (89)
第三十一节　清代的空间秩序 ……………………………………… (90)
第三十二节　《历史哲学》的空间秩序 …………………………… (92)

第二章　空间秩序：公元1840—1911年 ……………………………… (94)

第一节　《四洲志》中的空间秩序 ………………………………… (94)
第二节　"俄罗斯人口区划"中的空间秩序 ……………………… (96)
第三节　"地表自然区划"中的空间秩序 ………………………… (96)
第四节　"地理地带性区划"中的空间秩序 ……………………… (97)
第五节　《历史的地理枢纽》中的空间秩序 ……………………… (97)
第六节　世界自然区划中的空间秩序 ……………………………… (98)
第七节　《新撰地文学》中的空间秩序 …………………………… (99)
第八节　世界大陆大洋的空间秩序 ………………………………… (99)

第三章　空间秩序：公元1912—1948年 ……………………………… (101)

第一节　中华民国时期的行政区划 ………………………………… (101)
第二节　《中国新舆图》中的空间秩序 …………………………… (103)
第三节　柯本的世界气候带中的空间秩序 ………………………… (103)
第四节　"建国大纲"中的空间秩序 ……………………………… (104)

第五节 《区域经济地理学的学科理论与实践》中的空间秩序 ………………………………………… (105)
第六节 《本国地理》中的空间秩序 ………………………… (107)
第七节 《中国资源科学学科史》中的空间秩序 …………… (109)
第八节 "中国区域地理"中的空间秩序 …………………… (109)
第九节 《中国形势一览图》中的空间秩序 ………………… (110)
第十节 《地理学通论》中的空间秩序 ……………………… (112)
第十一节 "中国人口之分布"中的空间秩序 ……………… (113)
第十二节 "中国气候区域"中的空间秩序 ………………… (116)
第十三节 《山东植物区系地理》中的空间秩序 …………… (116)
第十四节 豪斯浩弗"泛区思想"中的空间秩序 …………… (118)
第十五节 李四光"中国自然区划"中的空间秩序 ………… (118)
第十六节 《中国粮食地理》中的空间秩序 ………………… (119)
第十七节 "六大工业区划"中的空间秩序 ………………… (119)
第十八节 《中国人地关系概论》中的空间秩序 …………… (120)
第十九节 "中国地理区域之划分"中的空间秩序 ………… (121)
第二十节 《重划中国省区论》中的空间秩序 ……………… (121)
第二十一节 《建设地理新论》中的空间秩序 ……………… (124)
第二十二节 "中国地理区划"中的空间秩序 ……………… (124)
第二十三节 《中国气候区域新论》中的空间秩序 ………… (127)

第四章 空间秩序：公元 1949—1959 年 ……………………… (128)
第一节 中国"一五"计划中的空间秩序 …………………… (128)
第二节 《中国地质学》中的空间秩序 ……………………… (129)
第三节 《我国经济地理区》中的空间秩序 ………………… (131)
第四节 "东北农业区划"中的空间秩序 …………………… (135)
第五节 《中国自然地理区划草案》中的空间秩序 ………… (135)
第六节 《中国自然区划大纲》中的空间秩序 ……………… (137)
第七节 1949 年以来关于植被区划的空间秩序 …………… (138)

第八节 "黑龙江省、吉林省、内蒙古呼伦贝尔盟农业区划"
中的空间秩序 ………………………………………… (139)
第九节 《中国农业区划初步意见》中的空间秩序 ……………… (140)
第十节 《关于划分中国农业经济区划的初步方案》中的
空间秩序 …………………………………………… (140)
第十一节 《中国植被区划草案》中的空间秩序 ……………… (141)
第十二节 《中国综合自然区划（初稿）》中的空间秩序 ……… (141)
第十三节 《中国河流水文区划》中的空间秩序 ……………… (144)
第十四节 "黑龙江省农业区划"中的空间秩序 ……………… (144)
第十五节 《中国的地形区划》中的空间秩序 ………………… (145)
第十六节 《中国的亚热带》中的空间秩序 …………………… (146)
第十七节 华南三省区的空间秩序 ……………………………… (147)
第十八节 《人地关系与经济布局》中的空间秩序 ……………… (147)
第十九节 《苏联农业气候区划》中的空间秩序 ……………… (148)
第二十节 "中国土壤区划"中的空间秩序 …………………… (149)
第二十一节 《中国水文区划（初稿）》中的空间秩序 ………… (149)
第二十二节 《中国自然地理总论》中的空间秩序 …………… (149)
第二十三节 《中国土壤区划（初稿）》中的空间秩序 ………… (161)
第二十四节 《中国动物地理区划》中的空间秩序 …………… (164)
第二十五节 《中国地貌区划（初稿）》中的空间秩序 ………… (165)
第二十六节 中国冻土的空间秩序 ……………………………… (170)
第二十七节 "甘肃省自然地理区划"的空间秩序 …………… (170)
第二十八节 斯查勒气候分类中的空间秩序 …………………… (170)
第二十九节 中国"二五"计划中的空间秩序 ………………… (172)

第五章 空间秩序：公元 1960—1979 年 ………………………… (174)
第一节 任美锷自然区划中的空间秩序 ………………………… (174)
第二节 "苏联土壤地理区划新方案"中的空间秩序 ………… (175)

第三节 《对于中国各自然区的农、林、牧、副、渔业发展方向的意见》中的空间秩序 …………………………………… (180)

第四节 "三线建设"中的空间秩序 …………………………………… (182)

第五节 "中国自然环境及其地域分异的综合研究"中的空间秩序 …………………………………… (183)

第六节 《中国土壤区划》中的空间秩序 …………………………………… (183)

第七节 《论中国综合自然区划》中的空间秩序 …………………………………… (184)

第八节 中国"三五"计划中的空间秩序 …………………………………… (187)

第九节 中国"四五"计划中的空间秩序 …………………………………… (187)

第十节 毛泽东"三个世界划分"理论中的空间秩序 …………………………………… (188)

第十一节 《国外农业气候区划的研究》中的空间秩序 …………………………………… (189)

第十二节 "多极世界理论"中的空间秩序 …………………………………… (190)

第十三节 《满天星斗：苏秉琦论远古中国》中的空间秩序 …………………………………… (191)

第十四节 《中国地文大区区划》中的空间秩序 …………………………………… (192)

第十五节 《中国气候区划(1978)》中的空间秩序 …………………………………… (193)

第十六节 《中国自然区域及开发整治》中的空间秩序 …………………………………… (197)

第十七节 《中国生态地理动物群区划》中的空间秩序 …………………………………… (199)

第十八节 "T形"发展战略与"点—轴系统"理论中的空间秩序 …………………………………… (200)

第十九节 "三大经济地带"中的空间秩序 …………………………………… (202)

下 册

第六章 空间秩序：公元1980—1989年 …………………………………… (203)

第一节 "中国综合自然地理区划"中的空间秩序 …………………………………… (203)

第二节 《中国农业地理总论》中的空间秩序 …………………………………… (203)

第三节 《中国自然地理图集》中的空间秩序 …………………………………… (221)

第四节 《中国植被》中的空间秩序 …………………………………… (223)

第五节 "中国自然保护区"中的空间秩序 …………………………………… (228)

第六节 《关于考古学文化的区系类型问题》中的空间秩序 …… (230)

第七节　《青藏高原科学考察丛书》中的空间秩序 ………… （231）
第八节　《中国气候区划新探》中的空间秩序 ………………… （232）
第九节　"世界哺乳动物区系"中的空间秩序 …………………… （234）
第十节　"中国综合自然地理区划的一个新方案"中的
　　　　空间秩序 …………………………………………………… （235）
第十一节　《西藏农业地理》中的空间秩序 ……………………… （236）
第十二节　《中国自然区划概要》中的空间秩序 ………………… （238）
第十三节　"苏联天然草原区划"中的空间秩序 ………………… （240）
第十四节　《古代中国考古学》中的空间秩序 …………………… （240）
第十五节　《全国农业综合自然区划的一个方案》中的
　　　　　空间秩序 ………………………………………………… （241）
第十六节　《世界自然地理》中的空间秩序 ……………………… （243）
第十七节　《中国农业资源与区划要览》中的空间秩序 ………… （248）
第十八节　《中国史前文化的统一性与多样性》中的空间
　　　　　秩序 ……………………………………………………… （255）
第十九节　"中国农业气候区划"中的空间秩序 ………………… （256）
第二十节　《对我国年径流地区分布规律的认识》中的
　　　　　空间秩序 ………………………………………………… （259）
第二十一节　《西藏植被》中的空间秩序 ………………………… （262）
第二十二节　"中国农业自然区划"中的空间秩序 ……………… （262）
第二十三节　《中国的贫困地区类型及开发》中的空间秩序 …… （264）
第二十四节　《论中国植被分区的原则、依据和系统单位》
　　　　　　中的空间秩序 ………………………………………… （266）
第二十五节　《云南植被》中的空间秩序 ………………………… （268）
第二十六节　《中国自然保护地图集》中的空间秩序 …………… （270）
第二十七节　中国"六五"计划中的空间秩序 …………………… （276）
第二十八节　中国"七五"计划中的空间秩序 …………………… （277）

第七章　空间秩序：公元 1990—1999 年 (279)

第一节　《中国生活饮用水地图集》中的空间秩序 (279)

第二节　《中国大百科全书·地理学》中的空间秩序 (280)

第三节　《世界自然地理通论》中的空间秩序 (287)

第四节　《中国土地区划图》中的空间秩序 (289)

第五节　《中国地震烈度区划图》中的空间秩序 (290)

第六节　中国"八五"计划中的空间秩序 (291)

第七节　《中国农村经济区划：中国农村经济区域发展研究》中的空间秩序 (293)

第八节　《中国新石器时代文化区系的划分与三次重新组合》中的空间秩序 (293)

第九节　《中国农业气候资源》中的空间秩序 (296)

第十节　《中国土地利用》中的空间秩序 (297)

第十一节　中国农业气候区划中的空间秩序 (298)

第十二节　《中国生态环境区划初探》中的空间秩序 (299)

第十三节　中国"九五"计划中的空间秩序 (299)

第十四节　《中国土壤侵蚀类型区划》中的空间秩序 (300)

第十五节　《中华文化通志·科学技术典地学志》中的空间秩序 (302)

第十六节　《地球系统科学中国进展·世纪展望》中的空间秩序 (303)

第十七节　《中国生物多样性的生态地理区划》中的空间秩序 (305)

第十八节　《关于中国国家自然地图集中的中国植被区划图》中的空间秩序 (306)

第十九节　中国气候区划中的空间秩序 (311)

第二十节　中国生态地理动物群分布中的空间秩序 (313)

第二十一节　《中国水文区划》中的空间秩序 (313)

第二十二节　《中国(综合)生态区划的新方案》中的
空间秩序 …………………………………………… (316)
第二十三节　中国植物区系分区中的空间秩序 ………………… (319)
第二十四节　《中国生态区划研究》(1999)中的空间秩序 ……… (320)
第二十五节　《中国区域发展报告》中的空间秩序 …………… (323)

第八章　空间秩序：公元2000—2009年 …………………………… (325)

第一节　《世界农业地理总论》中的空间秩序 ………………… (325)
第二节　中国传统民居建筑气候区划中的空间秩序 …………… (343)
第三节　"中国环境敏感性区划的新方案"中的空间秩序 ……… (344)
第四节　农业自然灾害区划中的空间秩序 ……………………… (345)
第五节　中国"十五"计划中的空间秩序 ……………………… (346)
第六节　《中国生态环境胁迫过程区划研究》中的空间秩序 …… (347)
第七节　《中国生态区划方案》中的空间秩序 ………………… (348)
第八节　《长江防洪地图集》中的空间秩序 …………………… (351)
第九节　《新的国家地震区划图》中的空间秩序 ……………… (354)
第十节　生态区域地图中的空间秩序 …………………………… (355)
第十一节　《中国大百科全书·世界地理卷》中的空间秩序 …… (355)
第十二节　《中国陆地表层系统分区初探》中的空间秩序 …… (368)
第十三节　《中国生物地理区划研究》中的空间秩序 ………… (369)
第十四节　《全国林业生态建设与治理模式》中的空间秩序 … (374)
第十五节　《中国区域发展的理论与实践》中的空间秩序 …… (379)
第十六节　《中国西部开发重点区域规划前期研究》中的
空间秩序 …………………………………………… (381)
第十七节　《中国土地利用与生态特征区划》中的空间秩序 … (384)
第十八节　《中国自然灾害系统地图集》中的空间秩序 ……… (389)
第十九节　《中国重大自然灾害与社会地图集》中的空间
秩序 ………………………………………………… (390)
第二十节　高中《地理》湘教版教材中的空间秩序 …………… (391)

第二十一节　高中《地理》中图版教材中的空间秩序 ……………（392）

第二十二节　高中《地理》鲁教版教材中的空间秩序 ……………（392）

第二十三节　《陆地表层综合地域系统划分的探讨——
以青藏高原为例》中的空间秩序 ……………（392）

第二十四节　《中国生态系统》中的空间秩序 …………………（395）

第二十五节　《区域教育发展及其差距实证研究》中的
空间秩序 ………………………………………（396）

第二十六节　《中国自然地理总论》中的空间秩序 ………………（397）

第二十七节　中国"十一五"规划中的空间秩序 …………………（398）

第二十八节　《中国自然灾害风险综合评估初步研究》中的
空间秩序 ………………………………………（399）

第二十九节　《中国生态地理区域系统研究》中的空间秩序 ……（399）

第三十节　《全国生态功能区划》中的空间秩序 …………………（402）

第三十一节　《中国土地资源图集》中的空间秩序 ………………（410）

第三十二节　《中国省域村镇建筑综合自然区划与建筑体系
研究》中的空间秩序 …………………………（410）

第三十三节　《中国省域村镇建筑综合自然区划与建筑体系
研究——江苏、贵州和河北三省的理论与实践》
中的空间秩序 …………………………………（411）

第三十四节　《南北极地图集》中的空间秩序 ……………………（413）

第三十五节　《中国文化地理概述》(第三版)中的空间
秩序 ……………………………………………（414）

第三十六节　《中国行政区划概论》中的空间秩序 ………………（415）

第九章　空间秩序：公元 2010 年至今 ……………………………（416）

第一节　《世界文化地理》中的空间秩序 …………………………（416）

第二节　《中国气候区划新方案》中的空间秩序 …………………（423）

第三节　《中国气候变化区划(1961—2010 年)》中的
空间秩序 ………………………………………（425）

第四节　中国"十二五"规划中的空间秩序 ……………………（426）

第五节　《中国湖泊的数量、面积与空间分布》中的空间
　　　　秩序 ………………………………………………………（427）

第六节　初中《地理》教材中的空间秩序 ………………………（428）

第七节　《中国地貌区划新论》中的空间秩序 …………………（428）

第八节　《中国生态区划研究》中的空间秩序 …………………（430）

第九节　"一带一路"中的空间秩序 ……………………………（432）

第十节　《中国自然保护综合地理区划》中的空间秩序 ………（433）

第十一节　《义务教育区域均衡发展监测、评价与预警》中的
　　　　　空间秩序 …………………………………………………（438）

第十二节　《中国水文地理》中的空间秩序 ……………………（443）

第十三节　《中国民族地理》中的空间秩序 ……………………（444）

第十四节　《教育地理区划研究——云南省义务教育地理区划
　　　　　实证与方案》中的空间秩序 ……………………………（450）

第十五节　《中国新型城镇化综合区划》中的空间秩序 ………（452）

第十六节　中国"十三五"规划中的空间秩序 …………………（455）

第十七节　世界陆地哺乳动物地区划分中的空间秩序 …………（456）

第十八节　《长江经济带发展规划纲要》中的空间秩序 ………（457）

第十九节　"美丽中国"中的空间秩序 …………………………（458）

第二十节　哈巴边区地表水区划中的空间秩序 …………………（459）

第二十一节　鲁教版高中《地理》（2019）教材中的空间
　　　　　　秩序 ……………………………………………………（459）

第二十二节　湘教版高中《地理》（2019）教材中的空间
　　　　　　秩序 ……………………………………………………（460）

第二十三节　《世界昆虫分布格局的聚类分析及地理区划》
　　　　　　中的空间秩序 …………………………………………（460）

第二十四节　"国土空间规划"中的空间秩序 …………………（461）

第二十五节　《国土空间规划背景下的新疆国土空间综合
　　　　　　发展区划》中的空间秩序 ……………………………（465）

第二十六节　中国"十四五"规划中的空间秩序 …………………（467）

第二十七节　中国陆域综合功能及其划分方案中的

空间秩序 …………………………………………（468）

第二十八节　《中国地理纲要》的空间秩序 ………………………（474）

第二十九节　《黄河流域生态保护和高质量发展规划纲要》

中的空间秩序 ……………………………………（487）

第三十节　《全国重要生态系统保护和修复重大工程总体规划

（2021—2035年）》中的空间秩序 ………………（489）

参考文献 …………………………………………………………（493）

表目录

表1-1　秦灭六国前各国郡县表（公元前231年）……………（4）
表1-2　秦朝各郡辖区表（公元前221—前206年）…………（7）
表1-3　汉高帝五年（公元前202年）封七异姓王国
　　　　所辖郡目表………………………………………………（10）
表1-4　汉高帝十二年（公元前195年）各同姓诸侯王封域……（10）
表1-5　元封五年（公元前106年）西汉"刺史十三州"
　　　　辖区表……………………………………………………（11）
表1-6　《史记·货殖列传》中的地理区划方案1 ………………（12）
表1-7　《史记·货殖列传》中的地理区划方案2 ………………（13）
表1-8　新莽时期（公元9—23年）行政区划概况……………（15）
表1-9　光武帝建武十三年（公元37年）郡国辖区表…………（16）
表1-10　《汉书·地理志》之汉代行政区划及人口［元始二年
　　　　（公元2年）］ ……………………………………………（17）
表1-11　魏文帝黄初二年（公元221年）曹魏行政区划表……（21）
表1-12　汉昭烈帝章武元年（公元221年）蜀汉行政区划表…（23）
表1-13　建安二十六年（公元221年）孙吴行政区划表………（24）
表1-14　晋惠帝永兴元年（公元304年）西晋行政区划表……（24）
表1-15　晋安帝义熙十四年（公元418年）东晋行政区划表…（26）
表1-16　十六国政区简表…………………………………………（28）
表1-17　宋孝武帝大明八年（公元464年）南朝宋行政区
　　　　划表………………………………………………………（30）
表1-18　齐明帝建武四年（公元497年）南朝齐行政区划表……（32）

表 1-19	梁武帝中大同元年（公元546年）南朝梁部分行政区划	(34)
表 1-20	陈后主祯明二年（公元588年）南朝陈行政区划表	(36)
表 1-21	孝文帝迁都洛阳前后（公元494年前后）北魏行政区划表	(38)
表 1-22	东魏北齐部分州郡沿革表（公元534—577年）	(39)
表 1-23	西魏北周部分州郡沿革表（公元535—581年）	(41)
表 1-24	隋大业三年（公元607年）全国行政区划表	(43)
表 1-25	唐玄宗天宝十三载（公元754年）唐朝行政区划总表	(51)
表 1-26	五代十国时期行政区划简况	(57)
表 1-27	辽代五京道辖区表	(61)
表 1-28	宋徽宗宣和五年（公元1123年）北宋行政区划表	(62)
表 1-29	宋高宗绍兴十二年（公元1142年）南宋各路治所一览表	(75)
表 1-30	西夏12监军司辖区表	(77)
表 1-31	金朝全国各路辖区表	(78)
表 1-32	《九域守令图》部分地名表	(79)
表 1-33	元武宗至大元年（公元1308年）前后元代行省政区划分表	(81)
表 1-34	明朝两直隶十三省辖区表	(83)
表 1-35	嘉靖三十四年（公元1555年）初刻本《广舆图》内容表	(84)
表 1-36	王士性中国自然区划表	(86)
表 1-37	《大中国志》中的中国南北两大区	(87)
表 1-38	明嘉靖三十年（公元1551年）全国行政区划表	(88)
表 1-39	远东、中东、近东的地理区划	(89)
表 1-40	清嘉庆年间（公元1796—1820年）清朝省级行政区划表	(91)

表1-41	《历史哲学》中的"旧世界"划分表	(92)
表2-1	《四洲志》中的国家和地区表	(95)
表2-2	世界自然区划	(98)
表3-1	1933年全国行政区划	(102)
表3-2	柯本气候带	(104)
表3-3	苏联经济区沿革表	(106)
表3-4	苏联主要地域生产综合体沿革表	(107)
表3-5	中国天然区域划分表	(108)
表3-6	1933年全国商埠一览表	(111)
表3-7	世界海洋划分表	(112)
表3-8	中国气候区域	(116)
表3-9	中国植物区划结果	(117)
表3-10	任美锷倡导的六大工业区划方案	(119)
表3-11	重划新省区概况表	(122)
表3-12	中国地理区域划分	(126)
表4-1	我国的经济地理区	(132)
表4-2	中国自然地理区划（1954）	(136)
表4-3	林超、冯绳武自然区界划分方案	(137)
表4-4	黑龙江省、吉林省、内蒙古呼伦贝尔盟农业区划方案	(140)
表4-5	中国综合自然区划（1956）	(143)
表4-6	中国地形区划	(145)
表4-7	黑龙江流域农业区划方案	(148)
表4-8	中国土壤区划	(150)
表4-9	中国自然地理区划（1959）	(161)
表4-10	中国土壤区划（草案）	(162)
表4-11	中国动物地理区划（1959）	(164)
表4-12	中国地貌区划（初稿）（1959）	(165)
表4-13	气候类型划分	(171)

表 5-1	苏联土壤地理区划	(175)
表 5-2	以发展农林牧副渔业为目的的中国自然区划	(181)
表 5-3	三线建设（1964）	(183)
表 5-4	中国土壤区划	(184)
表 5-5	中国综合自然区划（1965）	(184)
表 5-6	三个世界的划分	(189)
表 5-7	多极世界理论	(191)
表 5-8	中国古文化大系内部的六大文化格局区	(191)
表 5-9	中国九大地文大区区划面积、人口估计和人口密度（1843、1893 和 1953）	(193)
表 5-10	中国气候区划方案	(194)
表 5-11	中国自然地理区划	(197)
表 5-12	中国生态动物地理群区划	(199)
表 6-1	全国农业区划	(204)
表 6-2	东北区农业区划	(206)
表 6-3	华北平原区农业区划	(206)
表 6-4	黄土高原区农业区划	(209)
表 6-5	长江中下游区农业区划	(210)
表 6-6	西南区农业区划	(211)
表 6-7	华南区农业区划	(213)
表 6-8	蒙新区农业区划	(215)
表 6-9	青藏高原区农业区划	(217)
表 6-10	中国植被区划	(221)
表 6-11	中国土壤区划（1980）	(222)
表 6-12	中国始新世后期植被类型区	(224)
表 6-13	中国中新世后期植被类型区	(225)
表 6-14	中国植被区划系统	(226)
表 6-15	中国考古学文化的区系类型区（1981）	(230)
表 6-16	西藏综合自然区划系统	(231)

表6-17	中国气候区划系统	(232)
表6-18	中国自然地理区域（1983）	(235)
表6-19	中国自然区划（1984）	(238)
表6-20	中国相互作用圈下的文化圈（1986）	(241)
表6-21	全国农业综合自然区划	(242)
表6-22	各大洲自然地理区域分异表	(244)
表6-23	中国综合农业区划	(249)
表6-24	中国种植业区划	(251)
表6-25	中国畜牧业综合区划	(252)
表6-26	中国渔业区划	(255)
表6-27	中国新石器的文化分区及其典型遗址（1987）	(256)
表6-28	中国农业气候区划（1987）	(257)
表6-29	中国农业自然区划（1988）	(263)
表6-30	全国贫困地区类型区	(265)
表6-31	中国植被分区（1989）	(266)
表6-32	云南植被区划	(268)
表6-33	中国综合自然区划方案	(270)
表6-34	土地利用分区	(272)
表6-35	中国土壤侵蚀类型区划	(273)
表6-36	中国植物区系分区	(274)
表6-37	中国鸟兽区系分区	(275)
表7-1	自然地理分区	(279)
表7-2	中国综合自然地理区划方案	(281)
表7-3	中国农业气候区划方案	(283)
表7-4	中国土壤区划方案	(284)
表7-5	中国植被区划方案	(285)
表7-6	各大洲大自然区划分表	(287)
表7-7	中国土壤区划（1990）	(290)
表7-8	新石器时代中国文化区系的第一次重新组合	(295)

表 7-9	新石器时代中国文化区系的第二次重新组合	(295)
表 7-10	中国农业气候资源类型区划分	(297)
表 7-11	土地利用分区区划方案	(298)
表 7-12	土壤侵蚀类型区划方案	(301)
表 7-13	中国生物多样性的生态地理区划	(306)
表 7-14	中国植被区划结果	(307)
表 7-15	中国气候区划	(312)
表 7-16	中国生态地理动物群分布	(313)
表 7-17	中国水文区划	(314)
表 7-18	中国（综合）生态区划方案	(317)
表 7-19	中国植物区系分区	(319)
表 7-20	中国生态地域划分新方案	(321)
表 8-1	中国1∶100万土地利用图分类系统	(332)
表 8-2	世界畜牧业分布	(340)
表 8-3	世界农业类型	(342)
表 8-4	中国传统民居建筑气候区划编码及特征	(344)
表 8-5	中国生态敏感区划方案	(345)
表 8-6	中国生态胁迫过程区划方案	(347)
表 8-7	中国生态区划方案	(350)
表 8-8	长江流域水资源区划	(352)
表 8-9	长江流域汛期降水区划	(353)
表 8-10	中国生物地理区划	(369)
表 8-11	我国林业生态建设与治理区划	(374)
表 8-12	三维地带性原则中的自然区划	(381)
表 8-13	西部地区规划中心城市的空间分布	(382)
表 8-14	西部重点经济带（区）的人口和GDP值对比	(383)
表 8-15	中国土地利用分区	(385)
表 8-16	中国生态系统生产力区划	(386)
表 8-17	中国生态资产区划	(389)

表8-18	中国自然灾害区	(389)
表8-19	中国坍塌、滑坡、泥石流灾害分布区	(391)
表8-20	青藏高原综合地域系统分区	(393)
表8-21	2005年云南省各市州区域义务教育发展水平	(396)
表8-22	中国各地区自然灾害组合分区	(399)
表8-23	中国生态地理区域	(400)
表8-24	全国生态功能区划表	(402)
表8-25	江苏省村镇建筑综合自然区划分类系统	(411)
表8-26	贵州省村镇建筑区划	(412)
表8-27	南极气候区划方案	(413)
表8-28	北极气候区划方案	(413)
表8-29	中国一、二级文化区划方案	(414)
表8-30	中国省级行政区划方案	(415)
表9-1	世界文化区划	(417)
表9-2	世界主要农业类型分区	(419)
表9-3	地域人种区划	(422)
表9-4	中国气候区划新方案	(423)
表9-5	中国湖泊分布区划方案	(427)
表9-6	中国地貌分区方案	(428)
表9-7	中国主要生态区域类型划分方案	(430)
表9-8	中国自然保护综合地理区划	(434)
表9-9	2020年全国各省域义务教育发展程度差距与评价分析	(438)
表9-10	2020年全国各省域义务教育发展预警差距	(440)
表9-11	2020年全国各省域义务教育发展贡献差距	(441)
表9-12	昆明市各县区义务教育发展程度区域差距监测	(442)
表9-13	昆明市各县区义务教育发展预警差距	(442)
表9-14	中国水文分区方案	(444)
表9-15	中国民族地理分区（区划）方案	(445)
表9-16	云南省义务教育区划基本方案简表	(451)

表9-17	中国新型城镇化发展的综合区划统计指标计算表（2013）	（453）
表9-18	长江经济带发展新格局划分系统	（457）
表9-19	美丽中国区划方案	（459）
表9-20	世界昆虫地理区划方案	（460）
表9-21	国土空间规划类型	（463）
表9-22	国土空间规划分级及编制重点	（463）
表9-23	国土空间规划背景下的新疆国土空间综合发展区划方案	（466）
表9-24	陆域综合功能区划（2035）一级区主要属性特征	（469）
表9-25	陆域综合功能区划（2035）二级综合功能区属性特征	（470）
表9-26	陆域综合功能区划（2035）三级综合功能区属性特征	（470）
表9-27	中国气候带类型区	（474）
表9-28	中国主要的土地退化类型分区	（475）
表9-29	生物多样性保护区域分布表	（476）
表9-30	中国主要少数民族语言区分布	（479）
表9-31	中国现代汉语方言区分布	（479）
表9-32	人文地理区划	（482）
表9-33	中国地理分区	（485）

图目录

图 5-1　分级系统结构图 …………………………………… （180）
图 7-1　中国新石器时代文化谱系图 ……………………… （294）

上册目录

第一章　空间秩序：公元1840年以前 ……………………………………（1）

　　第一节　禹贡时期的空间秩序 ………………………………………（1）

　　第二节　九州、五岳与五服中的空间秩序 …………………………（1）

　　第三节　夏、商、周时期的空间秩序 ………………………………（2）

　　第四节　《殷代地理简论》中的空间秩序 …………………………（2）

　　第五节　西周时期的空间秩序 ………………………………………（3）

　　第六节　公元前7世纪的空间秩序 …………………………………（4）

　　第七节　T-O地图中的空间秩序 ……………………………………（5）

　　第八节　"邹衍大九州学说"中的空间秩序 …………………………（6）

　　第九节　秦朝的空间秩序 ……………………………………………（7）

　　第十节　西汉的空间秩序 ……………………………………………（9）

　　第十一节　《史记·货殖列传》中的空间秩序 ……………………（11）

　　第十二节　新莽时期的空间秩序 ……………………………………（15）

　　第十三节　东汉的空间秩序 …………………………………………（16）

　　第十四节　《汉书·地理志》中的空间秩序 ………………………（17）

　　第十五节　三国时期的空间秩序 ……………………………………（21）

　　第十六节　西晋的空间秩序 …………………………………………（24）

　　第十七节　东晋的空间秩序 …………………………………………（26）

　　第十八节　十六国时期的空间秩序 …………………………………（28）

　　第十九节　南朝的空间秩序 …………………………………………（29）

　　第二十节　北朝的空间秩序 …………………………………………（37）

　　第二十一节　《隋书·地理志》中的空间秩序 ……………………（42）

第二十二节　《体国经野 历代行政区划》中的空间秩序 ……… (49)
第二十三节　"九域守令图"中的空间秩序……………………… (79)
第二十四节　《元史》中的空间秩序………………………………… (80)
第二十五节　《〈明史·地理志〉疑误考正》中的空间秩序 ……… (82)
第二十六节　《广舆图》中的空间秩序……………………………… (84)
第二十七节　《五岳游草》中的空间秩序…………………………… (85)
第二十八节　《大中国志》中的空间秩序…………………………… (87)
第二十九节　《读史方舆纪要》中的空间秩序……………………… (88)
第三十节　远东、中东、近东的空间秩序……………………………… (89)
第三十一节　清代的空间秩序………………………………………… (90)
第三十二节　《历史哲学》的空间秩序………………………………… (92)

第二章　空间秩序：公元 1840—1911 年 ……………………… (94)

第一节　《四洲志》中的空间秩序………………………………… (94)
第二节　"俄罗斯人口区划"中的空间秩序……………………… (96)
第三节　"地表自然区划"中的空间秩序………………………… (96)
第四节　"地理地带性区划"中的空间秩序……………………… (97)
第五节　《历史的地理枢纽》中的空间秩序……………………… (97)
第六节　世界自然区划中的空间秩序……………………………… (98)
第七节　《新撰地文学》中的空间秩序…………………………… (99)
第八节　世界大陆大洋的空间秩序………………………………… (99)

第三章　空间秩序：公元 1912—1948 年 ……………………… (101)

第一节　中华民国时期的行政区划………………………………… (101)
第二节　《中国新舆图》中的空间秩序…………………………… (103)
第三节　柯本的世界气候带中的空间秩序……………………… (103)
第四节　"建国大纲"中的空间秩序……………………………… (104)
第五节　《区域经济地理学的学科理论与实践》中的空间
　　　　秩序 ………………………………………………………… (105)

第六节 《本国地理》中的空间秩序 …………………………………（107）
第七节 《中国资源科学学科史》中的空间秩序 ……………………（109）
第八节 "中国区域地理"中的空间秩序 ………………………………（109）
第九节 《中国形势一览图》中的空间秩序 …………………………（110）
第十节 《地理学通论》中的空间秩序 ………………………………（112）
第十一节 "中国人口之分布"中的空间秩序 …………………………（113）
第十二节 "中国气候区域"中的空间秩序 ……………………………（116）
第十三节 《山东植物区系地理》中的空间秩序 ……………………（116）
第十四节 豪斯浩弗"泛区思想"中的空间秩序 ………………………（118）
第十五节 李四光"中国自然区划"中的空间秩序 ……………………（118）
第十六节 《中国粮食地理》中的空间秩序 …………………………（119）
第十七节 "六大工业区划"中的空间秩序 ……………………………（119）
第十八节 《中国人地关系概论》中的空间秩序 ……………………（120）
第十九节 "中国地理区域之划分"中的空间秩序 ……………………（121）
第二十节 《重划中国省区论》中的空间秩序 ………………………（121）
第二十一节 《建设地理新论》中的空间秩序 ………………………（124）
第二十二节 "中国地理区划"中的空间秩序 …………………………（124）
第二十三节 《中国气候区域新论》中的空间秩序 …………………（127）

第四章 空间秩序：公元1949—1959年 ………………………………（128）

第一节 中国"一五"计划中的空间秩序 ………………………………（128）
第二节 《中国地质学》中的空间秩序 ………………………………（129）
第三节 《我国经济地理区》中的空间秩序 …………………………（131）
第四节 "东北农业区划"中的空间秩序 ………………………………（135）
第五节 《中国自然地理区划草案》中的空间秩序 …………………（135）
第六节 《中国自然区划大纲》中的空间秩序 ………………………（137）
第七节 1949年以来关于植被区划的空间秩序 ……………………（138）
第八节 "黑龙江省、吉林省、内蒙古呼伦贝尔盟农业区划"
　　　　中的空间秩序 …………………………………………………（139）

第九节　《中国农业区划初步意见》中的空间秩序 …………… (140)
第十节　《关于划分中国农业经济区划的初步方案》中的
　　　　空间秩序 …………………………………………… (140)
第十一节　《中国植被区划草案》中的空间秩序 ……………… (141)
第十二节　《中国综合自然区划（初稿）》中的空间秩序 …… (141)
第十三节　《中国河流水文区划》中的空间秩序 ……………… (144)
第十四节　"黑龙江省农业区划"中的空间秩序 ………………… (144)
第十五节　《中国的地形区划》中的空间秩序 ………………… (145)
第十六节　《中国的亚热带》中的空间秩序 …………………… (146)
第十七节　华南三省区的空间秩序 ……………………………… (147)
第十八节　《人地关系与经济布局》中的空间秩序 …………… (147)
第十九节　《苏联农业气候区划》中的空间秩序 ……………… (148)
第二十节　"中国土壤区划"中的空间秩序 …………………… (149)
第二十一节　《中国水文区划（初稿）》中的空间秩序 ……… (149)
第二十二节　《中国自然地理总论》中的空间秩序 …………… (149)
第二十三节　《中国土壤区划（初稿）》中的空间秩序 ……… (161)
第二十四节　《中国动物地理区划》中的空间秩序 …………… (164)
第二十五节　《中国地貌区划（初稿）》中的空间秩序 ……… (165)
第二十六节　中国冻土的空间秩序 ……………………………… (170)
第二十七节　"甘肃省自然地理区划"的空间秩序 …………… (170)
第二十八节　斯查勒气候分类中的空间秩序 …………………… (170)
第二十九节　中国"二五"计划中的空间秩序 ………………… (172)

第五章　空间秩序：公元 1960—1979 年 …………………………… (174)
第一节　任美锷自然区划中的空间秩序 ………………………… (174)
第二节　"苏联土壤地理区划新方案"中的空间秩序 ………… (175)
第三节　《对于中国各自然区的农、林、牧、副、渔业发展
　　　　方向的意见》中的空间秩序 …………………………… (180)
第四节　"三线建设"中的空间秩序 …………………………… (182)

第五节 "中国自然环境及其地域分异的综合研究"中的
空间秩序 ………………………………………… (183)
第六节 《中国土壤区划》中的空间秩序 ……………………… (183)
第七节 《论中国综合自然区划》中的空间秩序 ……………… (184)
第八节 中国"三五"计划中的空间秩序 ……………………… (187)
第九节 中国"四五"计划中的空间秩序 ……………………… (187)
第十节 毛泽东"三个世界划分"理论中的空间秩序 ………… (188)
第十一节 《国外农业气候区划的研究》中的空间秩序 ……… (189)
第十二节 "多极世界理论"中的空间秩序 …………………… (190)
第十三节 《满天星斗：苏秉琦论远古中国》中的空间秩序 … (191)
第十四节 《中国地文大区区划》中的空间秩序 ……………… (192)
第十五节 《中国气候区划(1978)》中的空间秩序 …………… (193)
第十六节 《中国自然区域及开发整治》中的空间秩序 ……… (197)
第十七节 《中国生态地理动物群区划》中的空间秩序 ……… (199)
第十八节 "T形"发展战略与"点—轴系统"理论中的
空间秩序 ………………………………………… (200)
第十九节 "三大经济地带"中的空间秩序 …………………… (202)

第一章
空间秩序：公元1840年以前

第一节 禹贡时期的空间秩序

《中国行政区划通史》研究和阐述了中国大部分的行政区划秩序：最早记载九州的是《尚书·禹贡》，其分天下为冀、兖、青、徐、扬、荆、豫、梁、雍。每州举出两三个名山大川作为界点，九州所在方位如下：冀州为古黄河道中段北部地区，黄河从今山西西境，经过河南北部，沿着太行山转到河北东北境；兖州从冀州东部一直向南到济水，即今河南的东北角、河北南部、山东西部；青州位于兖州东部，即现在的山东半岛；徐州从青州而南，直到淮水，为今鲁南、苏、皖北地区；扬州从淮河以南直到东海，今苏、皖两省南部及江西省东部，河南、湖北两省的东边一角；荆州是扬州以西，包有江、汉、洞庭湖等流域，北起湖北荆山，南至湖南衡山之南，即今湖北、湖南两省大部和江西西部；豫州从荆山而北直到黄河，为今河南大部和湖北北部；梁州为今陕、甘两省秦岭以南，包括四川全境；雍州为今陕、甘两省秦岭以北地区。

第二节 九州、五岳与五服中的空间秩序

李宪堂在九州、五岳与五服中系统阐述了畿服制，畿服制是与九州制并称的古代制度。最早见于《国语·周语》："先王之制，邦内甸服，邦外侯服，侯卫宾服，夷蛮要服，戎狄荒服"，是谓五服。《周语》的"宾服"就是以王都为中心，向四面扩张而去，即王畿以外四面各500里

的这块地方称为"服",再500里为"侯服"……以此类推。这个"畿服制"显然只是假想的,且与九州制又是相矛盾的。五服制在古代是实际存在过的,"服"只是部或类别的意思,不是分疆划野。《禹贡》把各服的里数固定下来,反而成为一种幻想的制度,并认为五服制的出现早于九州制。顾颉刚先生的结论是:五服制是在西周实行过的,到战国而消亡。五服制将王畿以外四面各500里的地区分为5个部分。

第三节 夏、商、周时期的空间秩序

《中国行政区划通史》研究和阐述了夏、商、周时期的行政区划秩序:商朝和周朝的王除了在王畿附近有自己直接管理的一块土地,在国家疆域内的其他地方,均采用层层的分封制进行统治,即王把土地和人口封给诸侯,诸侯把土地和人口封给他们的下属。各级领主除去对天子有贡纳和服役外,在自己的领地里有相当大的自主权。分封制是行政区的先河,是在当时生产力和阶级部族关系条件下,国家在广阔土地上进行统治的适当形式。相传西周主要有两次大分封,即武王伐纣及周公东征胜利后,先后分封的诸侯国达70国之多,实际上见于《春秋》的多达170余国。西周的地方制度,大概分国、都、邑三级,"国"即国都,"都"即大邑,"邑"为小邑。国、都、邑之外为"野",一般无明确界线。

第四节 《殷代地理简论》中的空间秩序

《殷代地理简论》中阐述了商王国的政治地理结构,"书""酒诰"追记商制:"越在外服:侯、甸、男、卫、邦伯;越在内服:百僚、庶尹、惟亚、惟服、宗工。"全盂鼎题铭则综括为"殷边侯、田"和"殷正百辟"。此内服应指天邑商的官吏贵族,外服指商王国内、天邑商外的官吏贵族。

天邑商即商王畿。《汉书·地理志》载:周既灭殷,分其畿内为三国，诗、邶、鄘、卫是也，郑玄在诗谱中也说明邶、鄘、卫即商纣畿内地，它的范围是在禹贡冀州太行之东，北逾衡漳，东及兖州桑土之野。郑玄所描述和殷代天邑商的范围大致是相合的。商的西南界是沁水。《史记》"周本纪"载："以微子开代殷后，国于宋。"而"世本纪"中周代宋人更宋地名为睢阳，是"宋"本为封微子以前原有的地名。

《左传》昭公二十年记晏婴述淄的沿革："昔爽鸠氏始居之，季萴因之，有逄伯陵又因之，薄姑氏又因之，而后太公又因之。"是商末此地属于薄姑。而临淄附近的书是商王猎地之一。曲阜，据《说文》及《括地志》是奄国地。因此，商东界应在曲阜以西。

至于商外服侯伯所治的范围那就要广大得多。由本书所迹，可知武丁时商人在西方已远达山西中南部及晋、陕交界，并越黄河而西。大约在祖甲时，在这一方面失去了许多地方，至廪辛、武乙、文武丁时始逐步夺回。帝乙征人方，还及渭水中游，是商王国的极盛时代。纵观殷代商人对外战争，可以说其主要发展方向是通过河南北部的河阳区域西入陕西。

第五节　西周时期的空间秩序

郭利民在参考西周朝代统辖范围与行政区划的基础上，根据西周时期经济开发特点，将西周所管辖的行政区划分为6大经济地区：以种植稻、粱、菽、麦、黍为主的农业地区；以种植水稻为主的农业地区；以农业为主，以畜牧业为辅的地区；以畜牧业为主，农业和狩猎业为辅的地区；以狩猎和畜牧业为主的地区；以采集、渔猎为主，畜牧为辅的地区。每区列出主要的经济方式以及主要的物产，这一划分充分考虑了当时的自然地理和人文地理条件，基本符合客观实际，具有很大的科学性。这一方案第一次以地图的形式展示了西周时期的经济发展状况，为研究西周时期自然社会发展情况提供了重要的资料。

第六节 公元前7世纪的空间秩序

郡县制起于春秋，形成于战国，而全面推行于秦始皇统一天下之后，但最早出现的行政区划是县，其出现的时间约在公元前7世纪初期的楚国和秦国。大概是这两块地区处于中原的边缘，容易开拓疆域，也较利于把新得来的土地采用新的方式进行管理。之后，晋、齐、吴等国也开始设置了县这种行政区划，而且不仅设在新开拓的土地上，还设在经济发达、交通要冲等地。至春秋时代的后期，各国的县数量已不少，仅晋国平公二十一年（公元前537年）一次见于记载的县就有49个。到了战国时期，县已经成为比较普遍的行政区划。而郡的出现稍晚于县，大约是在春秋时期。初期设置于边远之地，且经济开发程度不如县，而且在郡县两种政区间也没有统辖和被统辖的关系。战国时的郡多设置在各国的边地，如魏国的西河、上郡，赵国的代、雁门、云中郡，燕国的上谷、渔阳、右北平辽西、辽东郡等。郡的长官称守，一般由军事将领充当，这样可以集中一郡之兵力进行征伐。春秋战国时期各国郡县如表1-1所示：

表1-1　　　　秦灭六国前各国郡县表（公元前231年）

诸侯国名	县数	县名
齐	10	临淄、安平、即墨、阿、南武城、狐氏、蒙、聊城、高唐、夜
韩	12	平阳、杨氏、京、路、涉、端氏、新城、郑、阳翟、修泽、申阴、格氏
赵	16	邯郸、平邑、甄、鄗、安平、代、苦陉、南行唐、防陵、武垣、元氏、上原、邢、韩皋、柏人、沮阳
魏	11	承匡、鲁阳、武堵、中牟、大梁、泫氏、济阳、隐阴、上蔡、单父、陶
燕	6	渔阳、无终、阳乐、令支、襄平、昌城
楚	22	湖阳、苦、期思、寝、都、阴、息、武城、随、陈、平舆、广陵、居巢、吴、下蔡、钟离、朱方、薛、汝阳、莒、兰陵、寿春

续表

诸侯国名	县数	县名
秦	132	上邽、下邽、冀、杜、虢、郑、魏城、临晋、庞戏城、频阳、雍、籍姑、重泉、栎阳、蒲、蓝田、善明氏、洛阴、庞、夏阳、高陵、鳌、美阳、武功、咸阳、武城、商、合阳、宁秦、陕、蒲子、漆垣、高奴、义渠、南郑、卢氏、朐衍、江州、鱼复、阆中、湔氏、成都、郫城、临邛、乌氏、宜阳、郿、析、襄城、广衍、洛都、定阳、肤施、宛、叶、武遂、皋落、垣、蒲阪、皮氏、梗阳、安邑、绛、兹氏、离石、蔺、石邑、祁、上庸、狄道、邓、鄢、穰、筑、枳、郢、竟陵、平丘、仁、巫、临沅、温、卷、蔡阳、长社、华阳、怀、邢丘、河南、梁、修武、野王、缑氏、纶氏、安阳、曲阳、阳人、洛阳、穀城、平阴、偃师、巩、榆次、新城、涂水、邬、孟、大陵、高都、长子、铜鞮、屯留、晋阳、尉氏、安陆、酸枣、燕、虚、长平、雍丘、山阳、顿丘、濮阳、长垣、邺、云中、善无、云阳、番吾、狼孟、丽邑

第七节 T-O 地图中的空间秩序

T-O 地图（公元前 520 年—公元前 500 年）的历史最早可以追溯到公元前 6 世纪。英国的《赫里福德地图》是世界上现存最大的 T-O 地图，主要的几何元素是"T"和"O"。在所谓的 T-O 地图上，一般是东方朝上，西方朝下，右边为南，左边为北。整个世界就像一个盘子（或者说像字母 O），四周被大海洋所包围两个"O"，分别标示出了水域和大陆的外沿。在内圈里面的"T"由两条水系组成：顿河和尼罗河一起构成了"T"上面的一横，而地中海成为那一竖。这个"T"就把世界分成了三部分：亚洲位于顿河—尼罗河一线以东，西北角的欧洲和西南角的非洲位于地中海的两侧。地图的上端指向东方，既是太阳升起也是基督诞生的地方——太阳是基督的一种象征。在 T-O 地图里，由于亚洲的重要性，欧洲占据着一个很"低调"的位置，但这样的格局却能让耶路撒冷位居世界的中央。

第八节 "邹衍大九州学说"中的空间秩序

1. 概况

邹衍（约公元前324年—公元前250年）是战国时代阴阳家的代表人物，他以阴阳五行说为理论基础，从时间与空间来推衍，即顺推是五行相生，主要讲天（自然）；逆推是五行相胜，主要讲人（人类社会），并由小推大，由近推远，创立了大九州学说这一地理观念。据《史记·孟子荀卿列传》记载："（邹衍）以为儒者所谓中国者，于天下乃八十一分居其一分耳。中国名曰赤县神州。赤县神州内自有九州，禹之序九州是也，不得为州数。中国外如赤县神州者九，乃所谓九州也。於是有裨海环之，人民禽兽莫能相通者，如一区中者，乃为一州。如此者九，乃有大瀛海环其外，天地之际焉。"这种说法既包含了传统的九州说，《尚书》《禹贡》的九州，又在传统的九州说基础上进一步发展了九州所包括的地理范围，把古代中国统一称作赤县神州，且在中央之外，以东南西北"四极"来对应春夏秋冬"四时"，用八卦九宫之数来排列成九州，体现了他"天人合一"宇宙观的主体思想。

2. 结果

由于邹衍大九州学说并没有说明除赤县神州之外其余八州的名字，这给了后人无限构想的空间。如西汉《淮南子·地形训》载："何谓九州？东南神州曰农土，正南次州曰沃土，西南戎州曰滔土，正西弇州曰并土，正中冀州曰中土，西北台州曰肥土，正北泲州曰成土，东北薄州曰隐土，正东阳州曰申土。"《地形训》的九州包括了东南神州、正南次州、西南戎州、正西弇州、正中冀州、西北台州、正北泲州、东北薄州，正东阳州。从其名称与方位来看，是其在吸收《禹贡》九州学说的内容基础上，对邹衍大九州学说进行的发挥。汉武帝时期以来，因为以儒家为代表的天下观占据主导地位，邹衍大九州学说不被世人重视。但是在晚明西学东渐以来，随着西方大航海的发展，以五大洲和四大洋为基础的西方地理观传入中国，使得诸多学者开始重新评价大九州学说。如清代中期学者秦蕙田说："今西洋人所绘《坤舆全图》,淮南北极黄赤道度数浑圆之内,海外之地正与淮南、驺衍之义同。"可见,秦蕙田以南怀仁的《坤舆全图》来证明大九州学说具有一定的合理性。而明末清初经学家廖平则构建了以中国为中心,其外被《禹贡》的九州所环绕,《禹贡》的九州又被邹衍或《淮南子·地形训》所载的九州环绕的中国特色世界观,即天下共八十一州。

廖平特别指出:"中国属'大统之中都','北美'属青州,'南美'属扬州,'坎拿大'属兖州,'露西'属冀州,'欧洲'属雍州,'非洲'分南北,分属弇州、戎州,'澳洲'属荆州。"由此可见,中国仍处于世界的中央,这是廖平对传统天下观的中国居于天下之中的肯定。

第九节　秦朝的空间秩序

公元前221年秦始皇统一六国,在全国推行郡县二级制,此后秦郡又有两次增量过程,从而经过了由36郡至42郡最终至48郡的过程。此外,秦京师地区并不置郡,以内史统之,内史在秦关中地区的核心部分,其辖域东界达函谷关、武关一线,即今河南省灵宝市、陕西省商南县处,以与关东相分;东北以河水与河东郡分界,南抵秦岭,西、北两界以陇山分界陇西郡,以子午岭、黄龙山及今陕北构造盆地边缘与北地、上郡相邻,领有梁山以南,华亭、清水以东之地。故实际上始皇帝二十六年(公元前221年)秦统县政区乃为36郡与内史共37个单位,之后亦是分别增为43与48个统县政区。

具体结果如下表1-2:

表1-2　　　　秦朝各郡辖区表（公元前221—前206年）

郡名	治所	辖区	附注
内史	咸阳（陕西咸阳东）	关中平原	内史,不称郡
上郡	肤施（陕西榆林东南）	陕西北部,河套东南	故魏置
汉中郡	南郑（陕西汉中）	陕西秦岭以南、鄂西北	故楚置

续表

郡名	治所	辖区	附注
陇西郡	狄道（甘肃临洮）	甘肃南部	故秦置
北地郡	义渠（甘肃宁县西北）	甘肃东北、河套西北、宁夏东部	昭襄王置
巴郡	江州（重庆嘉陵江北）	四川东部	故巴国
蜀郡	成都（四川成都）	四川中部	故蜀国
河东郡	安邑（山西夏县西北）	山西西南部	昭襄王二十一年置
东郡	濮阳（河南濮阳西南）	河南东北部与山东交界一带	始皇五年置
砀郡	砀县（河南商武县南）	河南东部、山东南部、苏、皖西北一隅	始皇二十二年置
三川郡	雒阳（河南洛阳东北）	河南西部阴伊、洛河一带	庄襄王元年置
颍川郡	阳翟（河南禹州）	河南中部许昌一带	始皇十七年置
邯郸郡	邯郸（河北邯郸）	河北南部、河南北部一带	始皇十九年置
钜鹿郡	钜鹿（河北平乡西南）	河北东南、山东北部一隅	始皇二十三年置
太原郡	晋阳（太原西南）	山西中部	庄襄王三年置
上党郡	长子（山西长子县西南）	山西东南部	故韩置
雁门郡	善无（山西右玉东南）	山西北部大同以西内蒙济宁周围	故赵置
代郡	代（河北蔚县）	河北与山西北部交界一带	故代国
云中郡	云中（内蒙古托克托东北）	内蒙呼和浩特以南地区	故赵置
广阳郡	蓟（北京西南）	河北中部永定河、大清河流域	始皇二十三年置
上谷郡	沮阳（河北怀来东南）	河北西北长城内外及内蒙部分	故燕置
渔阳郡	渔阳（北京密云西南）	河北北部一带	故燕置
右北平郡	无终（天津蓟州）	河北东北部、辽宁西南部	故燕置
辽西郡	阳乐（辽宁义县西南）	辽宁大凌河以西及河北北部一隅	故燕置
辽东郡	襄平（辽宁辽阳）	辽宁大凌河以东及辽东半岛、朝鲜北部	故燕置
齐郡	临淄（山东临淄北）	山东北部	始皇二十六年置
琅邪郡	琅邪（山东诸城东南）	山东东部胶州湾一带	始皇二十六年置
南郡	江陵（湖北江陵）	湖北大部	昭襄王二十九年置

续表

郡名	治所	辖区	附注
长沙郡	临湘（湖南长沙）	湖南大部、江西西北、两广东北	始皇二十五年置
楚郡	陈县（河南淮阳）	河南东部、安徽西北部	始皇二十四年置
黔中郡	临沅（湖南常德）	湖南西北、湖北西南、贵州东北	故楚置
南阳郡	宛城（河南南阳）	河南西南部、湖北北部	昭襄王三十五年置
泗水郡	沛（江苏沛县东）	江苏西北、安徽东北部	始皇二十四年置
东海郡	郯（山东郯城北）	江苏长江以北和山东南部	始皇二十四年置
九江郡	寿春（安徽寿县）	安徽中部及江西大部	始皇二十四年置
薛郡	鲁县（山东曲阜）	山东西南部济宁周围	始皇二十四年置
会稽郡	吴（江苏苏州）	江苏南部、浙江大部、安徽东南部	始皇二十五年置
南海郡	番禺（广东广州）	广东大部	始皇三十三年置
桂林郡	桂林（广西桂平）	广西东部、广东西部	始皇三十三年置
象郡	临尘（广西崇左）	广西西部、贵州东南、广东西南、越南东北部	始皇三十三年置
闽中郡	闽中（福建福州）	福建及浙江南部	置年不详
九原郡	九原（内蒙古包头）	内蒙阴山以南、伊克昭盟北部	始皇三十三年置

第十节 西汉的空间秩序

1. 概况

周振鹤等在《中国行政区划通史·秦汉卷·上》中研究和阐述了西汉的行政区划：西汉初年，为吸取亡秦之教训，兼以形势所迫，刘邦并没有继续在全国范围推行郡县制，而是采取了郡国并行的体制，一方面由皇帝直辖部分郡县；另一方面，建立若干诸侯王国，如表2-3所示。以部分郡县分属之。诸侯国的行政建制上都效仿汉制，内史统王国都城附近，较远之地则置支郡以辖。所以，汉初实际上并非真正的中央集权制国家，而是皇帝与诸侯王分治天下的局面。诸侯王虽受中央节制，但又有相对独立的地位。但严格说来，汉初诸侯王国并非一级政区，而是皇帝与诸侯划定的势力范围，但实际上可当成一级政区对待。

西汉郡国下辖县，县为二级行政区，为中央政府落实一切政令的基本单位，所以县级行政组织是至关重要的。西汉县级行政区的分类极为复杂，大致来看，可分作三种：道、国、邑。县的名称为二级政区的最基本单位。

2. 结果

汉初，朝廷统辖的对象大约 20 郡左右，到元封三年（公元前 108 年）征服朝鲜以后，全汉郡国总数已达到 108 个之多。具体结果如表 1-3、表 1-4 和表 1-5：

表 1-3　　汉高帝五年（公元前 202 年）封七异姓王国所辖郡目表

国名	王名	王都	封域
燕	臧荼	蓟县	广阳、上谷、渔阳、右北平、辽东、辽西
韩	韩信	阳翟	颍川
赵	张耳	襄国	邯郸、恒山、清河、河间
楚	韩信	下邳	东海、会稽、彭城（四川）、淮阳、薛郡
淮南	英布	六县	九江、衡山、庐江、豫章
梁	彭越	定陶	砀郡
长沙	吴芮	临湘	长沙、武陵

表 1-4　　汉高帝十二年（公元前 195 年）各同姓诸侯王封域

国名	王名	王都	封域
楚	刘交	彭城	彭城、东海、薛郡
齐	刘肥	临淄	临淄、胶东、胶西、济北、博阳、城阳、琅邪
赵	刘如意	邯郸	邯郸、恒山、河间、清河
代	刘恒	晋阳	太原、雁门、定襄、代郡
梁	刘恢	定陶	砀郡
淮阳	刘友	陈县	淮阳
淮南	刘长	寿春	九江、衡山、庐江、豫章
吴	刘濞	广陵	东阳、会稽、彰郡
燕	刘建	蓟县	广阳、上谷、渔阳、右北平、辽西、辽东

表1-5 元封五年（公元前106年）西汉"刺史十三州"辖区表

名称	辖区
冀州刺史部	常山郡、真定国、中山国、赵国、魏军、钜鹿郡、广平郡、清河国、河间国、广川国
幽州刺史部	渤海郡、燕国、逐郡、上谷郡、渔阳郡、右北平郡、辽西郡、辽东郡、乐浪郡、真番郡、玄菟郡、临屯郡
并州刺史部	上党郡、云中郡、定襄郡、雁门郡、代郡、太原郡
兖州刺史部	陈留郡、大河郡、山阳郡、济阴郡、东郡、泰山郡、城阳国、淮阳国、济北国
豫州刺史部	颍川郡、汝南郡、沛郡、梁国
青州刺史部	平原郡、齐郡、济南郡、千乘郡、留川国、北海郡、胶东国、胶西国、东莱郡
徐州刺史部	鲁国、楚国、东海郡、泗水国、广陵国、临淮郡、琅邪郡
荆州刺史部	南阳郡、南郡、江夏郡、长沙国、桂阳郡、零陵郡、武陵郡
扬州刺史部	会稽郡、丹阳郡、九江郡、六安国、庐江郡、豫章郡
凉州刺史部	安定郡、陇西郡、天水郡、酒泉郡、张掖郡、敦煌郡
益州刺史部	巴郡、蜀郡、汉中郡、广汉郡、犍为郡、武都郡、汶山郡、沈黎郡、越巂郡、牂牁郡、象郡、益州郡
交趾刺史部	南海郡、苍梧郡、合浦郡、郁林郡、交趾郡、九真郡、日南郡、儋耳郡、珠崖郡
朔方刺史部	朔方郡、五原郡、上郡、西河郡、北地郡
司隶校尉部［征和四年（公元前89年）置］	京兆尹、右内史、左内史、河东郡、河内郡、河南郡、弘农郡

第十一节 《史记·货殖列传》中的空间秩序

司马迁（西汉）根据从战国至西汉初的自然和经济状况，列举了各地的物产，在一定程度上通过物产间接说明各地的地理特点，显示了各地的气候、地形等自然条件，依据上述情况司马迁明确提出了农业区与畜牧区的界线。《史记·货殖列传》说:"龙门、碣石北多马、牛、羊、旃裘、筋角。"龙门在今山西河津市与陕西韩城市之间,碣石在今河北昌黎县北。如由碣石向西南作一曲线,沿今燕山南麓经恒山,再西至汾水上源,循吕梁山至龙门,其西其北,当为西汉的畜牧区或农牧相杂区。此外,司马迁把全国分为山西、山东、江南、龙门碣石以北四个农业区,并对各自的特点作了描述,说:"天水、陇西、北地、上郡与关中同俗,然西有羌中之利,北有戎翟之畜,畜牧为天下饶。""楚、越之地,地广人稀,饭稻羹鱼,或火耕而水耨。""沂、泗水以北,宜五谷桑麻六畜,小人众,数被水旱之害,民好畜藏。""燕、代田畜而事蚕。"又记各地具有特色的经济林木或作物:"安邑千树枣,燕、秦千树栗,蜀、汉、江陵千树橘,淮北、常山已南,河济之间千树萩,陈、夏千亩漆,齐、鲁千亩桑麻,渭川千亩竹。"接着他又根据西汉初年的具体条件,结合历史状况,划分为十几个地理区域,每区列出地理环境、物产、经济状况、中心城市、历史和文化背景、风俗习惯等项内容。这一划分充分考虑了当时的自然地理和人文地理条件,基本符合客观实际,具有很大的科学性。该方案最早记载于西汉《史记·货殖列传》中,其将全国划分为4个地理大区以及16个地理区域。

具体结果如表1-6和表1-7:

表1-6　　　　　《史记·货殖列传》中的地理区划方案1

地理大区	各区物产
山西(崤山以西)	山西盛产木材、竹、榖、纑、玉石
山东(崤山以东)	山东多鱼、盐、漆、丝、声色
江南	江南出梓、姜、桂、金、锡、连、丹砂、犀、玳瑁、珠玑、齿革
龙门碣石以北(从渤海湾循燕山山脉、太行山脉、中条山至黄河山陕峡谷南端一线)	龙门;碣石北多马、牛、羊、旃裘、筋角,铜铁则千里往往山出棋置

表1-7　　　　　　　《史记·货殖列传》中的地理区划方案2

地理区域	各区特点
关中（中心区）	范围为秦岭以北、陕北高原以南，黄河、华山以西，陇东高原以东，大致相当关中平原。该区土壤肥沃，农业发达，人民重视农业，风气淳厚，秦以来商业发达。中心城市是首都长安，其周围诸陵县地区移植人口较多，地小人多，故从事商业、手工业、特种技术的人多
巴蜀	秦岭以南的汉中、巴、蜀盆地。土地肥沃，盛产巵、姜、丹砂、石、铜、铁、竹、木，但四周闭塞，贸易只能通过栈道经褒斜为出入口
关中西部	包括当时的天水、陇西、北地、上郡，即今甘肃东部、宁夏、陕北地区。风俗与关中中心区相同，该区及其西北的羌中和戎翟地区是全国主要的畜牧产地
河南	相当今河南省伊洛盆地至豫东平原西部一带。中心城市洛阳，是商业中心，贸易沟通东面的齐、鲁和南面的梁楚
河东	相当今山西省西南的运城、临汾盆地。该区的杨（今洪洞县东南）、平阳（临汾市西南）是向北连结种、代，向西连结秦、翟的商业枢纽
河内	相当今河南省黄河北的焦作、新乡、鹤壁、安阳四市地区。该区的温（今温县西）、轵（今济源南）也是向西连接上党，向北连接赵、中山的商业枢纽
种、代	相当今河北石家庄以北的晋北地区。该区由于地处边疆，常受到匈奴寇掠，人民尚武好勇，不从事农商生产，不易治理
赵、中山	相当太行山东侧的华北平原西部。该区由于土地瘠薄，人口众多，不务正业的人很多，男子常有杀人越货、盗墓等不轨行为。但手工业发达，工艺精巧，不少有音乐才能的美女成为贵族、诸侯的妻妾后宫。中心城市邯郸，北通燕涿，南连郑、卫，是漳水和河水（黄河）间的一大都会
燕涿	相当今河北北部直至辽东半岛的地区。该区地域广阔，人口稀少，常受到寇掠，风俗与赵、代相近，人民彪悍，主要产鱼类、海盐及枣、栗等干果。北方与东北与乌桓、夫余、秽貊及朝鲜半岛的各族贸易往来。中心城市是燕（今北京市）
齐	相当今山东泰山山脉以东部分。该区依山面海，土壤肥沃，耕地广大，适宜农业生产，人民普遍从事纺织、渔业、盐业。民风豁达大度，处事和平，富于智谋，善于议论。由于经济发达，吸引了各地各行业的人口。中心城市是临淄（今淄博市西）

续表

地理区域	各区特点
邹、鲁	相当今山东泰山以西地区。居民长期受儒家文化熏陶，崇尚儒学，讲究礼节。农业有一定规模，但缺乏山林水泽之利，加上地少人多，风气节俭，循规蹈矩。发展到后来，追求获利而从事商业的潮流比洛阳一带的人还厉害
梁、宋	大致包括今豫东平原和部分鲁西平原。受传统文化影响较深，民风淳朴，重视农业生产。该区是平原，缺乏山川资源，但百姓能节衣缩食，积累财富
西楚	大致相当从今徐州以西直至三峡的淮北平原和江汉平原。该地土地瘠薄，积累很少。百姓习俗彪悍轻薄，易动情发怒。其中的江陵（今江陵县西）是以前楚国的郢都，向西可通巫（今巫山县）、巴（今重庆市），向东可利用云梦的资源出产。陈县（今河南淮阳）处于楚、夏交界处，是渔品、盐的集散地，从事商业的人很多。徐（今江苏泗洪县南）、僮（今安徽泗县西北）和取虑（今安徽灵璧县东北）一带的人尤其信守诺言
东楚	相当彭城（今江苏徐州）以东的江淮平原，向南的长江三角洲，至钱塘江。风俗与徐、僮相似。中心城市是吴（今江苏苏州），由于附近有海盐、铜等出产，又有大量的江河湖泊可资利用，成为一大都会
南楚	相当今江淮平原西部、湖北东南、江西和湖南。风俗与西楚相似。百姓能说会道，却缺乏信用。其中的寿春（今安徽寿县），是楚国自迁来后的都城，合肥是南北交流、皮革、鱼类和木材的集散地。该区盛产竹、木材，豫章（今江西）产黄金，长沙（今湖南）产铅、锡，但开采量不大。长江以南地区地势低、湿气重，男子往往夭折
岭南	南岭以南直至海南岛地区。风俗与江南相同，但以杨越人为主。中心城市是番禺（今广州），是珍珠、犀角等药材、玳瑁等海产、水果、葛布的集散地
颍川、南阳	相当今豫东平原西部和南阳盆地。历史上是夏人的活动中心区，颍川民风朴实。秦末曾将各地"不轨"的人迁到南阳，所以民俗混杂，爱凑热闹、生是非，从事商业的人很多。南阳地处交通枢纽，向西可通过武关、郧关进入关中，东南连接汉水、长江、淮水，宛（今河南南阳）是地区中心城市

第十二节　新莽时期的空间秩序

王莽始建国之初，犹承西汉建制，后又大改制度，广易郡名，其中多有对郡界调整。其各州所领郡县亦未必尽与西汉时同，天凤元年（公元14年），在西都、东都附近置六尉郡、六队郡，此数郡自当与其余州郡有所差异。以下按京畿及十二州地理方位叙新莽时期政区之大概情况。王莽在西汉的基础上，增置郡县，到天凤元年，有郡125，有县2230，郡县以亭为名者360。如表1-8。

表1-8　　新莽时期（公元9—23年）行政区划概况

名称	辖区	附注
六尉郡	京兆大尹、常安县、京尉郡、师尉郡、翊尉郡、光尉郡、扶尉郡、列尉郡	西都及六尉郡
六队郡	保忠信卿、祈队郡、右队郡、左队郡、兆队郡、后队郡、前队郡	东都及六队郡
豫州	汝坟郡、赏都郡、吾符郡、延城郡、陈定郡	汉旧州
兖州	治亭郡、谷城郡、寿良郡、陈留郡、巨野郡、济平郡、泰山郡、莒陵郡、新平郡、有盐郡	汉旧州
青州	河平郡、安定国、东顺郡、建信郡、乐安郡、济南郡、北海郡、翼平郡、东莱郡、夙夜郡、淄川郡、郁秩郡	汉旧州
徐州	填夷郡、凤敬郡、东海郡、沂平郡、淮平郡、鲁郡、和乐郡、水顺郡、江平郡	汉旧州
冀州	太原郡、原平郡、上党郡、魏城郡、钜鹿郡、和成郡、井关郡、平河郡、桓亭郡、富昌郡、常山郡、朔平郡、新博郡、朔定郡	汉旧州
并州	有年郡、增山郡、归新郡、兹平郡、沟搜郡、获降郡、受降郡、得降郡、填狄郡、厌狄郡	汉旧州
幽州	垣翰郡、迎河郡、朔调郡、通路郡、北顺郡、辽西郡、辽东郡、玄菟郡、乐鲜郡、广有郡	汉旧州
雍州	厌戎郡、金城郡、西海郡、填戎郡、阿阳郡、张掖郡、设屏郡、延亭郡、辅平郡、敦德郡、安定郡、威戎郡	汉凉州
益州	新成郡、就都郡、子同郡、导江郡、成都郡、西顺郡、集巂郡、就新郡、同亭郡、巴郡、乐平郡	汉旧州

续表

名称	辖区	附注
扬州	庐江郡、延平郡、会稽郡、丹扬郡、富生郡、九江郡、安风郡	汉旧州
荆州	丰穰郡、南顺郡、江夏郡、南平郡、建平郡、九疑郡、填蛮郡	汉旧州
交州	南海郡、郁平郡、新广郡、交趾郡、桓合郡、九真郡、日南郡	汉交趾

第十三节　东汉的空间秩序

周振鹤等在《中国行政区划通史·秦汉卷·下》中研究和阐述了东汉的行政区划：建武十三年（公元37年），光武帝将各王将为公侯，建武初年所分封的十王国不复存在。后光武帝又对当时的政区做出调整，省并十王国：广平、真定、河间、城阳、泗水、淄川、高密、胶东、六安、广阳皆并入汉郡，建制不复存在。东汉在其大部分时间内沿袭西汉旧制，依然推行郡（国）县二级制，东汉国都东迁洛阳，建武十一年（公元35年），东汉行新莽之制，分全国为12州，降原司隶校尉部为州，与州并列，合称13州。具体划分结果如表1-9。

表1-9　　光武帝建武十三年（公元37年）郡国辖区表

名称	辖区
司隶校尉部	河南尹、河内郡、河东郡、弘农郡、京兆尹、左冯翊、右扶风
豫州刺史部	颍川郡、汝南郡、淮阳郡、梁郡、沛郡
兖州刺史部	陈留郡、东郡、东平郡、泰山郡、山阳郡、济阴郡
青州刺史部	济南郡、平原郡、千乘郡、北海郡、东莱郡、齐公国
徐州刺史部	鲁公国、东海郡、琅邪郡、楚郡、广陵郡、临淮郡
冀州刺史部	魏郡、钜鹿郡、常山郡、中山郡、信都郡、清河郡、赵公国
幽州刺史部	渤海郡、涿郡、上谷郡、渔阳郡、右北平郡、辽西郡、辽东郡、玄菟郡、乐浪郡
并州刺史部	上党郡、太原郡、上郡、西河郡、五原郡、云中郡、雁门郡、代郡、朔方郡、北地郡
凉州刺史部	陇西郡、天水郡、金城郡、安定郡、武威郡、张掖郡、酒泉郡、敦煌郡

续表

名称	辖区
益州刺史部	汉中郡、巴郡、广汉郡、蜀郡、犍为郡、牂牁郡、越巂郡、益州郡、武都郡
荆州刺史部	南阳郡、南郡、江夏郡、零陵郡、桂阳郡、武陵郡、长沙郡
扬州刺史部	九江郡、丹阳郡、庐江郡、会稽郡、豫章郡
交趾刺史部	南海郡、苍梧郡、郁林郡、合浦郡、交趾郡、九真郡、日南郡

第十四节 《汉书·地理志》中的空间秩序

《汉书·地理志》是中国第一部以"地理"命名的地理著作，由东汉学者班固撰写，成书于公元54—92年间，为《汉书》十志之一。它对汉代郡县封国的建置，以及各地的山川、户口、物产、风俗和文化等作了综述，保存了汉代及其以前的许多珍贵的地理资料，是中国地理学史上一部具有划时代意义的著作。内容包括三部分：其一，转录了《尚书·禹贡》和《周礼·职方》的全文，并缀数语，简述前代政治地理的演变和发展；其二，叙述西汉末疆域政区的设置情况，计有103郡（国）及所辖的1587县（道、邑、侯国）。在郡（国）条中，其辖境以元延末与绥和初（公元前9—前8年）为断，名称和户口数以元始二年（公元2年）为断，部分郡（国）条还记述一些重要的自然和经济情况；其三，依据刘向的《域分》和朱赣的《风俗》，记述了汉代的一些经济、人文地理情况，对全国作了区域划分和分区概述，还载有南海各国的简况和通航的路线。具体结果如表1-10。

表1-10　　　《汉书·地理志》之汉代行政区划及人口

[元始二年（公元2年）]

郡国名称	其他时期名称	户数	人口
京兆尹	内史、塞国、渭南郡	195702	682468
左冯翊郡	内史、塞国、商君	235101	1917822
右扶风郡	内史、雍国、中地郡	216377	836070

续表

郡国名称	其他时期名称	户数	人口
弘农郡	右队	118091	475954
河东郡	兆阳	236896	962912
太原郡	并州	169863	680488
上党郡	并州	73598	337766
河内郡	殷国、后队、司隶	241246	1067097
河南郡	三川郡、司隶	276444	1740279
东郡	治亭、兖州	401297	1659028
陈留郡	兖州	296284	1509050
颖川郡	韩国、左队、豫州	432491	2210973
汝南郡	乳汾、豫州	461587	2486148
南阳郡	前队、荆州	329116	1942041
南郡	临江郡、南顺、荆州	125579	718540
江夏郡	荆州	56844	219218
庐江郡	淮南、扬州	124383	457333
九江郡	淮南国、延平、扬州	150052	780525
山阳郡	山阳国、巨野、兖州	172847	801288
济阴郡	济阴国、定陶、兖州	292015	1386278
沛郡	泗水郡、吾服、豫州	409719	2030480
魏郡	魏城、冀州	212849	909655
巨鹿郡	冀州	155951	827177
常山郡	井关、冀州	141741	677956
清河郡	平河、冀州	201774	875422
涿郡	垣翰、幽州	195670	782764
渤海郡	迎河、幽州	256377	995119
平原郡	河平、青州	154387	664543
千乘郡	建信、青州	116727	490720
济南军	济南国、安乐、青州	140761	642884
泰山郡	兖州	172866	726604
齐郡	济南、青州	152826	554444
北海郡	青州	127000	593159
东莱国	青州	133292	502693

续表

郡国名称	其他时期名称	户数	人口
琅琊郡	填夷、徐州	228960	1079100
东海郡	沂平、徐州	358414	1559357
临淮郡	淮平	268283	1237764
会稽郡	荆国、吴、江都、扬州	223038	1032604
丹扬郡	鄣郡、江都、扬州	107541	405171
豫章郡	九江、扬州	67462	351965
桂阳郡	南平、荆州	28119	156488
武陵郡	建平、荆州	34177	185758
零陵郡	九疑、荆州	21092	139368
汉中郡	新成、益州	101570	300614
广汉郡	就都、益州	167499	662249
蜀郡	导江、益州	268279	1245929
犍为郡	西顺、益州	109419	489486
越巂郡	集巂、益州	61280	408450
益州郡	就新、益州	81946	580463
牂柯郡	同亭、益州	24219	153360
巴郡	益州	158643	708148
武都郡	乐平	51376	235560
陇西郡	厌戎	53964	236824
金城郡	西海	38270	139648
天水郡	填戎、汉阳	60370	261348
武威郡	张掖	17581	76419
张掖郡	设屏	24352	58731
酒泉郡	铺平	18137	76726
敦煌郡	敦德	11200	38355
安定郡	/	42745	143294
北地郡	威成	64461	210688
上郡	翟国、并州	103583	606658
西河郡	归新、并州	136390	698836
朔方郡	沟搜、并州	34338	136628
五原郡	获降、并州	39322	2313281

续表

郡国名称	其他时期名称	户数	人口
云中郡	受降、并州	38303	173270
定襄郡	得降、并州	38559	133144
雁门郡	填狄、并州	73138	293454
代郡	厌狄、幽州	56774	278754
上谷郡	朔调、幽州	36008	117762
渔阳郡	通路、幽州	68802	256116
右北平郡	北顺、幽州	66689	320780
辽西郡	幽州	72654	352325
辽东郡	幽州	55972	272539
玄菟郡	下句骊、幽州	45006	221845
乐浪郡	乐鲜、幽州	62812	406748
南海郡	交州	19613	94253
郁林郡	郁平、交州	12415	71162
苍梧郡	新广、交州	24379	146160
交趾郡	交州	92440	746237
合浦郡	桓合、交州	15398	78980
九真郡	/	37543	16603
日南郡	交州	15460	69485
赵国	邯郸、桓亭、冀州	84202	349952
广平国	平干国、富昌、冀州	27984	198558
真定国	冀州	37126	178616
中山国	常山、冀州	160873	668080
信都国	广川国、新博、冀州	65556	304384
河间国	朔定	45043	187662
广阳国	燕国、广阳郡、广友	20740	70658
淄川国	北海	50289	227031
胶东国	齐国、郁秩	72002	213331
高密国	胶西国	40531	192536
城阳国	齐国、莒陵、兖州	56642	255784
淮阳国	新平、兖州	135544	981423
梁国	陈定、豫州	38709	106752

续表

郡国名称	其他时期名称	户数	人口
东平国	济东国、大河郡、兖州、有盐	118045	607381
鲁国	豫州	118045	607381
楚国	彭城郡、和乐、徐州	114738	497804
泗水国	东海郡、水顺	25025	119114
广陵国	江都、广陵、江平、徐州	36773	178616
六安国	衡山国、安风	38345	178616
长沙国	填蛮、荆州	43470	235825

第十五节　三国时期的空间秩序

周振鹤等在《中国行政区划通史·秦汉卷·下》中研究和阐述了三国时期的行政区划。

1. 曹魏时期的行政区划

三国曹魏割占超过一半，而且又雄踞中原，直接控制了东起朝鲜半岛北部，西迄葱岭，南到秦岭长江一线广大区域。汉献帝建安十八年（公元213年），曹操倡复九州之制，省幽、并二州，以其郡国并入冀州；省司隶校尉部及凉州，以其郡国为雍州；省交州，入荆、益二州。于是基本形成《禹贡》九州制，只是梁州更名益州而已。此外，曹魏在西域地区又设立西域长史府，据《三国疆域志》统计，魏元帝景元二年（公元261年），曹魏有郡101、县731个。如表1-11。

表1-11　　魏文帝黄初二年（公元221年）曹魏行政区划表

州名	治所	辖区
司隶	洛阳（洛阳东北）	河南尹、弘农郡、河东郡、河内郡、魏郡、阳平郡、广平郡；县九十八
豫州	谯（安徽亳州）	颍川郡、汝南郡、陈郡、鲁国、沛郡、谯郡、梁国；县八十一

续表

州名	治所	辖区
冀州	信都（河北冀州）	巨鹿郡、赵郡、安平郡、博陵郡、中山郡、河间郡、渤海郡、章武郡、清河郡、常山郡、平原郡、乐陵郡；县八十九
兖州	廪丘（山东郓城西北）	陈留郡、东郡、济北郡、东平郡、济阴郡、泰山郡、山阳郡、任城郡；县六十九
徐州	彭城（江苏徐州）	彭城郡、下邳郡、广陵郡、东海郡、琅琊郡、城阳郡；县五十二
扬州	寿春（安徽寿县）	淮南国、庐江郡、安丰郡；县十九
青州	治广（山东青州）	北海郡、东莱郡、齐国、济南郡、乐安郡；县四十八
荆州	治宛（河南南阳）	南阳郡、章陵郡、南乡郡、襄阳郡、江夏郡、魏兴郡、新城郡；县六十
雍州	长安（西安西北）	秦国、冯翊郡、扶风郡、新平郡、北地郡、安定郡、广魏郡、天水郡、南安郡、陇西郡；县六十八
凉州	姑臧（甘肃武威南）	武威郡、金城郡、西平郡、张掖郡、西郡、酒泉郡、敦煌郡、西海郡；县四十六
并州	晋阳（太原西南）	太原郡、西河郡、上党郡、乐平郡、雁门郡、新兴郡；县四十二
幽州	蓟（北京西南）	涿郡、燕国、渔阳郡、右北平郡、上谷郡、代郡、辽西郡；县三十六
公孙氏政权	襄平（辽宁辽阳）	辽东郡、玄菟郡、乐浪郡、带方郡

2. 蜀汉时期的行政区划

三国蜀汉辖地最小，仅有今西南三省和秦岭以南汉中之地。实际辖州仅为汉代十三州之一，名义上有益、梁二州，实际上梁州仅辖武都、阴平二郡。原系益州旧属，即今甘肃东南一隅之地，因此够不上一州。除此之外，今四川南部和云南北、中部一带，三国时分布着西南夷族，刘备入蜀后，在这里设有庲降都督，统辖此区郡县，虽然不用州名，实际与州并列，如表1-12所示。蜀汉常设郡以上都督区为汉中都督区、巴中都督区（永安都督区）、庲降都督区和关中都督区；常设郡以下都督区为江州都督区、武兴都督区、建威都督区、西安围都督区和广武都督区。

表 1-12　　汉昭烈帝章武元年（公元 221 年）蜀汉行政区划表

州名/治所	辖区
益州/成都（四川成都）	蜀郡；县九
	汶山郡；县五
	犍为郡；县六
	江阳郡；县三
	汉嘉郡；县四
	广汉郡；县九
	梓潼郡；县六
	巴西郡；县八
	巴郡；县六
	巴东郡；县五
	涪陵郡；县五
	汉中郡；县五
	广汉属国；县二
	朱提郡；县三
	越嶲郡；县十四
	益州郡；县十七
	牂牁郡；县十三
	永昌郡；县七

3. 孙吴时期的行政区划

孙吴在三国中占地大于蜀汉而小于曹魏，所占地域北与曹魏接界，扬州大部为吴所有，西部与曹魏于荆州北部接界，荆州大部亦为吴有，所以孙吴、曹魏都有荆、扬二州之名。吴国在州之下设郡，并无王国，如表 1-13 所示。但设有与郡同级的典农校尉，掌管屯田区内的生产和民事，这种屯田区相当于较为特殊的郡，吴国在郡之下仅设县，还设有县级的典农都尉，吴国设县 310 多个。孙吴常设州以上都督区为广州都督区、交州都督区、荆州都督区和徐州都督区；常设郡以上都督区为巴丘以西都督区、武昌都督区、扶州至皖都督区、扶州至海都督区、吴郡都督区和会稽临海建安三郡都督区。

表 1-13　　建安二十六年（公元 221 年）孙吴行政区划表

州名	治所	辖区
扬州	建业（江苏南京）	丹扬郡、新都郡、庐江郡、吴郡、豫章郡、庐陵郡、鄱阳郡、会稽郡；县一百一十八
荆州	江陵（湖北江陵）	南郡、宜都郡、江夏郡、武陵郡、长沙郡、零陵郡、桂阳郡；县八十二
交州	番禺（广东广州）	合浦郡、交趾郡、九真郡、日南郡、南海郡、苍梧郡、郁林郡、高凉郡；县六十五

第十六节　西晋的空间秩序

1. 概况

《中国行政区划通史》中研究和阐述了西晋的行政区划：西晋自公元 265 年司马炎伐魏至公元 316 年，为短暂的统一王朝时期。西晋建立数十年相对稳定的政权，疆域和行政区划基本继承了三国旧制，作调整增置，形成 21 州。州下设郡国，郡国下置县、侯国及与之同等的王国、公国，地方行政机构基本上是州—郡—县三级制，至西晋末年，有州 21 个。西晋的郡国数目，据《晋书·地理志》载，共有 1723 个，县共有 1232 个。西晋的王国分两种，一种与都相当，一种与县对等；另外西晋的县级行政区中还有公国和侯国。与前代不同的是，西晋的郡和县开始划分等级。郡分为三等，以人口为标准。

2. 结果

魏元帝景元二年（公元 261 年），曹魏有郡 101 个，县 731 个（如表 1-14 所示）。西晋末年，有州 20 个，郡共有 1723 个，县共有 1232 个。

表 1-14　　晋惠帝永兴元年（公元 304 年）西晋行政区划表

州名	治所	辖区
司州	洛阳（洛阳东北）	河南尹、荥阳郡、弘农郡、上洛郡、平阳郡、河东郡、汲郡、河内郡、广平郡、阳平郡、顿丘郡、魏郡；县九十九

续表

州名	治所	辖区
兖州	廪丘（山东郓城西北）	陈留国、濮阳国、济阳郡、济北国、东平国、任城国、泰山郡、高平国；县五十八
豫州	陈（河南淮阳）	颍川郡、襄城郡、汝南郡、汝阴郡、梁国、沛国、谯郡、鲁郡、弋阳郡、安丰郡；县八十四
冀州	长乐（河北冀州）	赵国、中丘郡、巨鹿国、长乐国、平原国、乐陵国、渤海郡、河间国、章武国、清河郡、博陵郡、高阳国、中山国、常山国；县八十五
幽州	蓟（北京西南）	范阳国、燕国、北平郡、上谷郡、广宁郡、代郡、辽西郡；县三十四
平州	襄平（辽宁辽阳）	昌黎郡、辽东郡、乐浪郡、玄菟郡、带方郡；县二十六
并州	晋阳（太原西南）	太原国、西河国、上党郡、乐平郡、雁门郡、晋昌郡；县四十五
雍州	长安（西安西北）	京兆郡、冯翊郡、秦国、新平郡、始平郡、安定郡、北地郡；县三十九
凉州	姑臧（甘肃武威南）	西平郡、武威郡、张掖郡、西郡、酒泉郡、敦煌郡、西海郡、晋昌郡、金城郡；县四十八
秦州	上邽（甘肃天水）	陇西郡、南安郡、天水郡、阳郡、武都郡、阴平郡、狄道郡；县三十二
梁州	南郑（陕西汉中）	汉中郡、宕渠郡、新城郡、魏兴郡、上庸郡；县二十八
益州	治乏考①	犍为郡、江阳郡、涪陵郡、巴郡、巴东郡；县二十一
宁州	滇池（云南晋宁东）	云南郡、兴古郡、建宁郡、永昌郡、益州郡、朱提郡、越巂郡、牂牁郡；县六十六
青州	临淄（山东淄博东北）	齐国、北海国、济南郡、乐安国、城阳郡、东莱郡、长广郡、高密国；县五十
徐州	彭城（江苏徐州）	彭城国、下邳国、临淮郡、东海国、琅琊国、东莞郡、广陵郡、兰陵郡、东安国、淮陵国、堂邑郡；县六十四
荆州	江陵（湖北江陵）	江夏郡、南郡、南平郡、襄阳郡、南阳国、义阳国、顺阳国、竟陵郡、建昌郡、新野郡、建平郡、宜都郡、武陵郡、天门郡、长沙郡、衡阳郡、湘东郡、零陵郡、邵陵郡、随国；县一百三十四
扬州	秣陵（江苏南京）	淮南郡、庐江郡、丹杨郡、宣城郡、毗陵郡、吴郡、吴兴郡、会稽郡、东阳郡、新安郡、临海郡、历阳郡、义兴郡；县一百一十三

---

① 治所缺乏考证。下同。

续表

州名	治所	辖区
江州	南昌（江西南昌）	豫章郡、鄱阳郡、庐陵郡、临川郡、南康郡、建安郡、晋安郡、武昌郡、桂阳郡、安成郡、寻阳郡；县八十六
交州	龙编（越南北宁仙游县）	合浦郡、交趾郡、新昌郡、武平郡、九真郡、九德郡、日南郡；县五十九
广州	番禺（广东广州）	南海郡、苍梧郡、郁林郡、桂林郡、高凉郡、宁浦郡、临贺郡、始安郡、始兴郡；县六十九

第十七节　东晋的空间秩序

《中国行政区划通史》中研究和阐述了东晋的行政区划：东晋作为西晋在南方的继续，地方政区制仍沿用西晋州—郡—县的建置（如表1-15所示）。所不同者，其一是西晋都洛阳，置河南尹，东晋都建康，改置丹阳尹；其二是侨立州郡县的建置，侨置制度主要是东晋政府用来安置北方南逃的士族及逃乱中原民众的方法，这是当时历史条件下的产物。东晋侨置州郡县制度未断，一直延续到南朝。参照疆域形势、自然地理、行政区域等因素，东晋南朝境内侨州郡县的地理分布，可以划分为5大区、11小区。总之，侨州郡县形成这种大分散、小集中、诸点成线、诸线成面的分布格局。此外，东晋各都督区辖区相对于曹魏、西晋也较为稳定，东晋常设州以上都督区分为第一等都督区、第二等都督区和第三等都督区。具体结果如表1-15。

表1-15　　晋安帝义熙十四年（公元418年）东晋行政区划表

州名	治所	辖区
扬州	建康（江苏南京）	丹扬尹、宣城郡、吴郡、吴兴郡、会稽国、东阳郡、新安郡、临海郡、永嘉郡、义兴郡、晋陵郡、淮南郡、琅琊郡；实县侨郡二，实县九十一
徐州	治所屡变	广陵郡、海陵郡、盱眙郡、钟离郡、山阳郡、秦郡；实县侨郡二，实县二十五

续表

州名	治所	辖区
北徐州	彭城（江苏徐州）	彭城郡、沛郡、下邳郡、东海郡、东莞郡、谯郡、梁国、琅邪郡、兰陵郡、东安郡、宿预郡、淮阳国；实县侨国一，实县三十八
兖州	滑台（河南滑县东）	濮阳郡、泰山郡、高平郡、鲁郡、济北郡、东燕郡、陈留国、东平郡、济阴郡、济阳郡；实县四十八
豫州	寿阳（安徽寿县）	汝南郡、汝阴郡、新蔡郡、陈郡、南顿郡、颍川郡、弋阳郡、历阳郡、马头郡、晋熙郡、庐江郡、西阳郡；实县侨郡二，实县五十
北青州	东阳（山东青州）	齐郡、济南郡、乐安郡、高密郡、平昌郡、北海郡、东莱郡、长广郡；实县四十四
司州	治乏考	河南郡、荥阳郡、弘农郡、河北郡、北河东郡；实县二十九
北雍州	长安（西安西北）	北京兆郡、冯翊郡、扶风郡、咸阳郡、始平郡、安定郡、新平郡；实县六
荆州	江陵（湖北江陵）	南郡、南平郡、武宁郡、江夏郡、竟陵郡、襄阳郡、南阳郡、顺阳郡、义阳郡、随郡、新野郡、建平郡、宜都郡、武陵郡、天门郡、巴东郡、临贺郡、始兴郡、始安郡、长沙郡、衡阳郡、湘东郡、零陵郡、营阳郡、邵陵郡、桂阳郡、新蔡郡；实县侨郡一，实县一百六十九
江州	寻阳（江西九江）	寻阳郡、豫章郡、鄱阳郡、庐陵郡、临川郡、南康郡、建安郡、晋安郡、武昌郡、安成郡；实县七十三
梁州	汉中（陕西汉中东）	汉中郡、魏兴郡、新城郡、上庸郡、梓潼郡、晋寿郡、广汉郡、遂宁郡、汶阳郡、巴郡、宕渠郡、新巴郡、北巴西郡、阴平郡；实县侨郡一，实县六十二
益州	成都（四川成都）	蜀郡、晋原郡、沈黎郡、犍为郡、汶山郡、越巂郡、东江阳郡、宁蜀郡；实县侨郡一，实县三十四
宁州	治乏考	建宁郡、牂牁郡、夜郎郡、朱提郡、平蛮郡、南广郡、建都郡、兴古郡、晋宁郡、西平郡、梁水郡、云南郡、兴宁郡、河阳郡、西河郡；实县七十三
广州	番禺（广东广州）	南海郡、东官郡、苍梧郡、晋康郡、新宁郡、永平郡、郁林郡、晋兴郡、桂林郡、高凉郡、宁浦郡、义安郡；实县一百零九
交州	龙编（越南北宁仙游）	交趾郡、合浦郡、新昌郡、武平郡、九真郡、九德郡、日南郡；县一百零九

第十八节　十六国时期的空间秩序

1. 概况

《中国行政区划通史》中研究和阐述了十六国时期的行政区划：这一时期并存的政权并不止十六国，诸如鲜卑段氏、冉魏、西燕等都曾割据一方，各自为政。北方各国因为是割据政权，疆域与统一时期的王朝不能相比，为了显示其地域广袤，这些政权在自己有限的控制范围内往往随意分置许多州、郡，从而使州、郡数量大大增加。另外，各个割据政权，特别是少数民族建立的政权，出于复杂的心理，往往在政权的设置方位上效法前代中原王朝，但其疆域又往往局促一隅，由此造成传统州、郡等区划位置的倒错，州、郡两级政区自此开始发生极大的混乱。

2. 结果

汉赵（前赵）国有司隶部1个，州有7个，镇有1个；后赵国有司隶部1个，州有15个，镇有1个；成汉国有司隶部1个，州有9个；前凉国有州5个；前燕国有司隶部1个，州有9个；前秦国有司隶部1个，州有21个，镇有2个；后燕国有司隶部1个，州有9个；南燕国有司隶部1个，州有5个，镇有5个；北燕国有司隶部1个，州有5个；后秦国有司隶部1个，州有10个，镇有5个；西秦国州有5个，镇有1个；夏国有司隶部1个，州有11个；后凉国有州2个；南凉国有司隶部1个，州有1个；西凉国有州1个；北凉国有州3个。

表1-16　　　　　　　　十六国政区简表

国名	基准年	司隶部/州/镇
汉赵（前赵）	光初十一年（公元328年）	司隶部、幽州、朔州、并州、豫州、秦州、凉州、杏城镇、益州
后赵	太宁元年（公元349年）	司隶部、冀州、洛州、幽州、营州、并州、青州、徐州、兖州、豫州、扬州、荆州、雍州、秦州、朔州、凉州、杏城镇

续表

国名	基准年	司隶部/州/镇
成汉	玉衡二十四年（公元234年）	司隶部、梁州、荆州、宁州、交州
前凉	建兴四十一年（公元353年）	凉州、河州、沙州、秦州、商州
前燕	建熙七年（公元366年）	司隶部、平州、幽州、冀州、并州、青州、兖州、豫州、洛州、荆州
前秦	建元十八年（公元382年）	司隶部、秦州、雍州、洛州、豫州、冀州、并州、幽州、平州、青州、兖州、南兖州、东豫州、南秦州、河州、凉州、梁州、益州、宁州、荆州、徐州、扬州、杏城镇、三堡镇
后燕	建兴十年（公元395年）	司隶部、冀州、幽州、平州、并州、雍州、青州、徐州、兖豫二州
南燕	太上四年（公元408年）	司隶部、青州、徐州、幽州、兖州、并州、团城镇
北燕	太平二年（公元410年）	司隶部、并青二州、幽平二州、营州
后秦	弘始七年（公元405年）	司隶部、雍州、秦州、并州、豫州、兖州、徐州、荆州、梁州、河州、凉州、杏城镇、三堡镇、安定镇、李闰镇、匈奴镇
西秦	永康八年（公元419年）	河州、秦州、益州、凉州、沙州、大夏镇
夏	真兴三年（公元421年）	司隶部、幽州、朔州、东秦州、凉州、雍州、豫州、北秦州、并州、荆州、秦州
后凉	龙飞元年（公元396年）	凉州、秦州
南凉	嘉平二年（公元409年）	司隶部、凉州
西凉	建初元年（公元405年）	凉州
北凉	承玄三年（公元430年）	凉州、秦州、沙州

第十九节　南朝的空间秩序

《中国行政区划通史》中研究和阐述了南朝的行政区划：南朝的政区体系从根本上仍然保持汉、晋以来的州—郡—县三级制，其特殊之处主要有：首先政区更加滥置，比例失调。如州级政区东晋设10

余个州，刘宋时增至20余个，梁武帝天监十年（公元511年）有23个州，至梁武帝大同年间（公元535—545年）又猛增至107州，后虽陈朝疆域最小，但也有42个州；郡级政区宋孝武帝大明八年（公元464年）有270个郡，萧齐时有370个郡。这个状态发展至极限，就出现了所谓无属县的州郡或"双头州郡"，即两个州或郡共辖一个县的畸形体制，实行了400多年的州—郡—县三级制至此已完全丧失原本的意义。其次是侨置州郡的诸多演变，东晋时期的侨置制度此时也出现了新的变化。当时的侨置州郡县南北均有，但以由北向南迁移的人口最多，故侨置制度以东晋南朝最有代表性，以两点三线侨置政区最为集中。后来南部的政权不能卷土重来，侨置政区反而成为政府的累赘。在少数民族地区，南朝各朝廷实施特殊体制。此外，南朝也继承了魏晋时期的都督区制度，南朝宋、齐常设州以上都督区分为第一等都督区、第二等都督区和第三等都督区。具体结果如下表1-17、表1-18、表1-19和表1-20。

表1-17　宋孝武帝大明八年（公元464年）南朝宋行政区划表

州名	治所	辖区
扬州	建康（江苏南京）	丹扬尹、吴郡、吴兴郡、义兴郡；实县三十五
东扬州	山阴（浙江绍兴）	会稽郡、东阳郡、新安郡、临海郡、永嘉郡；实县三十四
南徐州	京口（江苏镇江）	晋陵郡、南东海郡、南琅邪郡；实县侨郡二，实县十
南兖州	广陵（扬州西北蜀岗）	广陵郡、海陵郡、盱眙郡、钟离郡、山阳郡、临江郡；实县侨郡一，实县十六
徐州	彭城（江苏徐州）	彭城郡、沛郡、下邳郡、东海郡、东莞郡、琅邪郡、兰陵郡、东安郡、宿预郡、淮阳国、济阴郡、北济阴郡；实县侨郡三，实县二十八
兖州	瑕丘（济宁兖州）	泰山郡、高平郡、鲁郡、济北郡、东平郡；实县二十四
豫州	寿阳（安徽寿县）	汝南郡、汝阳郡、汝阴郡、新蔡郡、陈郡、南顿郡、颍川郡、谯郡、梁郡；实县三十三
南豫州	姑熟（安徽当涂）	历阳郡、庐江郡、马头郡、晋熙郡、弋阳郡、宣城郡、义阳郡、南汝阴郡、淮南郡；实县侨郡二，实县三十九

续表

州名	治所	辖区
青州	东阳城（山东青州）	齐郡、济南郡、乐安郡、东莱郡、高密郡、平昌郡、长广郡、北海郡、太原郡；实县侨郡二，实县四十四
荆州	江陵（湖北江陵）	南郡、南平国、武宁郡、宜都郡、巴东郡、建平郡、汶阳郡；实县三十三
郢州	夏口（武汉武昌）	江夏郡、安陆郡、竟陵郡、随郡、武陵郡、天门郡、巴陵郡、武昌郡、西阳郡；实县侨郡一，实县四十五
湘州	临湘（湖南长沙）	长沙国、衡阳国、湘东郡、始兴郡、邵陵郡、零陵国、桂阳郡、临贺郡、始安郡、营阳郡；实县六十二
雍州	襄阳（湖北襄阳）	襄阳郡、南阳郡、顺阳郡、新野郡、京兆郡、始平郡、扶风郡、河南郡、广平郡、冯翊郡、华山郡；实县侨郡七，实县七十三
江州	柴桑（江西九江西南）	寻阳郡、豫章郡、鄱阳郡、庐陵郡、临川国、南康国、建安郡、晋安郡、安成郡、南新蔡郡；实县侨郡一，实县六十六
梁州	南郑（陕西汉中）	汉中郡、魏兴郡、新城郡、上庸郡、晋寿郡、新巴郡、北巴西郡、巴渠郡、宋熙郡、怀汉郡；实县五十二
益州	成都（四川成都）	蜀郡、晋原郡、沈黎郡、犍为郡、汶山郡、东江阳郡、越嶲郡、梓潼郡、广汉郡、遂宁郡、巴郡、南宕渠郡、新城郡、南阴平郡、宁蜀郡；实县侨郡二，实县五十四
宁州	味县（云南曲靖）	建宁郡、牂柯郡、夜郎郡、朱提郡、平蛮郡、南广郡、建都郡、兴古郡、晋宁郡、西平郡、梁水郡、云南郡、兴宁郡、东河阳郡、西河郡；实县七十七
广州	番禺（广东广州）	南海郡、东官郡、新会郡、苍梧郡、晋康郡、新宁郡、永平郡、郁林郡、晋兴郡、桂林郡、高凉郡、宁浦郡、义安郡、宋康郡、绥建郡、海昌郡、宋熙郡、乐昌郡、临漳郡；实县一百六十一
交州	龙编（越南北宁仙游县东）	交趾郡、合浦郡、武平郡、新昌郡、九真郡、九德郡、宋平郡、宋寿郡；实县五十四

表1-18　　齐明帝建武四年（公元497年）南朝齐行政区划表

州名	治所	辖区
扬州	建康（江苏南京）	丹扬尹、吴郡、吴兴郡、会稽郡、东阳郡、新安郡、临海郡、永嘉郡、义兴郡；实县六十九
南徐州	京口（江苏镇江）	晋陵郡、南东海郡、南琅邪郡；实县侨郡二，实县十
豫州	睢阳（安徽寿县）	晋熙郡、弋阳郡、安丰郡、光城左郡、边城郡、建宁郡、齐昌郡、南汝阴郡；实县侨郡二，实县二十五
南豫州	姑熟（安徽当涂）	宣城郡、历阳郡、庐江郡、临江郡、淮南郡；实县侨郡一、实县十九
南兖州	广陵（扬州西北蜀岗）	广陵郡、海陵郡、盱眙郡、山阳郡；实县侨郡一，实县十九
北徐州	燕（安徽凤阳临淮关）	钟离郡、马头郡、新昌郡；无实县
冀州	郁州（江苏连云港）	北东海郡；实县侨郡一，实县一
青州	郁州（江苏连云港）	北海郡；实县侨郡一，实县一
江州	湓城（江西九江）	寻阳郡、豫章郡、鄱阳郡、庐陵郡、临川郡、南康郡、建安郡、晋安郡、安成郡、南新蔡郡；实县侨郡一，实县六十六
广州	番禺（广东广州）	南海郡、东官郡、新会郡、苍梧郡、晋康郡、新宁郡、永平郡、郁林郡、晋兴郡、桂林郡、高凉郡、义安郡、绥建郡、海昌郡、乐昌郡、广熙郡、宋康郡、宋隆郡、齐乐郡、齐建郡、齐熙郡、齐康郡、黄水郡、宁浦郡；实县一百九十
交州	龙编（越南北宁仙游县东）	交趾郡、武平郡、新昌郡、九真郡、九德郡、宋平郡、宋寿郡；实县四十五
越州	漳平（广西合浦东北）	临漳郡、合浦郡、永宁郡、百梁郡、安昌郡、南流郡、北流郡、龙苏郡、富昌郡、高兴郡、思筑郡、盐田郡、定川郡、陆川郡、齐宁郡、越中郡、马门郡、封山郡、吴春俚郡、齐安郡、齐康郡；实县五十七
荆州	江陵（湖北荆州）	南郡、南平郡、天门郡、宜都郡、汶阳郡、武宁郡、巴东郡、建平郡；实县三十七

续表

州名	治所	辖区
郢州	夏口城（武汉武昌）	江夏郡、竟陵郡、武陵郡、巴陵郡、武昌郡、齐兴郡、方城左郡、北新阳郡、义安左郡、南新阳左郡、北遂安左郡、新平郡、宜人左郡、建安左郡、西阳郡；实县侨郡一，实县六十
司州	平阳（河南信阳）	北义阳郡、随郡、齐安郡、宋安左郡、安蛮左郡、永宁左郡、东义阳左郡、东新安左郡、新城左郡、围山左郡、北淮安左郡、南淮安左郡、北随安左郡、东随安左郡、南义阳郡、淮南郡；实县侨郡二，实县六十七
雍州	襄阳（湖北襄阳）	襄阳郡、南阳郡、新野郡、始平郡、广平郡、京兆郡、扶风郡、冯翊郡、河南郡、华山郡、顺阳郡、齐安郡、齐康郡、招义郡；实县侨郡七，实县二十九
宁蛮府	襄阳（湖北襄阳）	西新安郡、义宁郡、南襄郡、北建武郡、蔡阳郡、永安郡、安定郡、怀化郡、武宁郡、新阳郡、义安郡、高安郡、左义阳郡、南襄城郡、广昌郡、东襄城郡、北襄城郡、怀安郡、北弘农郡、西弘农郡、析阳郡、汉广郡、中襄城郡；实县六十六
湘州	临湘（湖南长沙）	长沙郡、桂阳郡、零陵郡、衡阳郡、营阳郡、湘东郡、邵陵郡、始兴郡、临贺郡、始安郡；实县六十六
梁州	南郑（陕西汉中东）	汉中郡、魏兴郡、南新城郡、上庸郡、晋寿郡、新巴郡、北巴西郡、巴渠郡、宋熙郡、涪陵郡、安康郡、怀汉郡、齐兴郡、弘农郡、魏郡、阳郡、北梓潼郡、广长郡、弍水郡、思安郡、宋昌郡、建宁郡、南泉郡、三巴郡、江陵郡、怀化郡、归宁郡、东健郡、宋康郡、南汉郡、南梓潼郡、始宁郡、江阳郡、南部郡、南安郡、建安郡、寿阳郡、南阳郡、宋宁郡、归化郡、始安郡、平南郡、怀宁郡、新兴郡、南平郡、齐兆郡、齐昌郡、新化郡、宁章郡、邻溪郡、京兆郡、归复郡、安宁郡、东宕渠郡、宋安郡、齐安郡、北水郡、义阳郡；实县六十一

续表

州名	治所	辖区
益州	成都（四川成都）	蜀郡、广汉郡、晋原郡、宁蜀郡、汶山郡、南阴平郡、东遂宁郡、西遂宁郡、犍为郡、梓潼郡、东江阳郡、巴郡、新城郡、北部都尉、越嶲獠郡、沈黎獠郡、甘松獠郡、始平獠郡、齐开左郡、齐通左郡、齐乐郡、齐基郡；实县侨郡二，实县四十六
宁州	同乐（云南陆良）	建宁郡、南广郡、南朱提郡、南牂牁郡、梁水郡、建都郡、晋宁郡、云南郡、西平郡、夜郎郡、东河阳郡、西河郡、平蛮郡、兴古郡、兴宁郡、西河阳郡、北朱提郡、永昌郡、益宁郡、南犍为郡、西益郡、江阳郡、犍为郡、永兴郡、永宁郡、安宁郡、东朱提郡、安上郡；实县九十

表1-19　梁武帝中大同元年（公元546年）南朝梁部分行政区划

州名	治所	辖区
扬州	建康（江苏南京）	丹阳郡、南丹阳郡、淮南郡、宣城郡、吴郡、吴兴郡、南陵郡；实县侨郡一
东扬州	山阴（浙江绍兴）	会稽郡、临海郡、赤城郡、新安郡、东阳郡、永嘉郡、建安郡
南徐州	京口（江苏镇江）	兰陵郡、晋陵郡、信义郡、义兴郡、南琅邪郡、南彭城郡；实县侨郡二
江州	湓口城（江西九江）	寻阳郡、太原郡、豫章郡、庐陵郡、南康郡、晋安郡、南安郡、鄱阳郡、临川郡、安成郡、巴山郡；实县侨郡一
南兖州	广陵（扬州西北蜀岗）	广陵郡、海陵郡、秦郡、神农郡、盱眙郡；实县侨郡一
泾州	沛（安徽天长西北）	泾城郡、东阳郡
北兖州	淮阴（江苏淮安淮阴西南甘罗城）	山阳郡；淮阴郡
南豫州	汝阴（安徽合肥西）	历阳郡、江都郡
豫州	寿阳（安徽寿县）	武安郡、南梁郡
南谯州	清流（安徽全椒西北）	新昌郡、高塘郡、南梁郡
豫州	怀宁（安徽潜山）	晋熙郡、枞阳郡
湘州	庐江（安徽舒城）	庐江郡

第一章 空间秩序：公元1840年以前 | 35

续表

州名	治所	辖区
霍州	岳安（安徽霍山）	岳安郡、北沛郡
安丰州	安丰（安徽霍邱南）	安丰郡
义州	苞信（河南商城西）	义城郡、边城郡
北徐州	燕（安徽凤阳东北）	钟离郡、马头郡、淮陵郡、九江郡
安州	定远（安徽定远东南）	定远郡、西沛郡
建州	高平城（河南商城东）	高平郡、新城郡
光州	光城（河南光山）	光城郡、北光城郡、弋阳郡、宋安郡、梁安郡、长陵郡
朔州	齐坂城（河南潢川东）	领郡乏考
郢州	赤石关（河南潢川南）	定城郡
武州	下邳城（江苏睢宁）	下郡、武安郡
西徐州	涡阳（安徽蒙城县）	南谯郡、龙亢郡、蕲城郡、临涣郡、蒙郡、阳夏郡；实县侨郡一
东徐州	宿预（江苏宿迁东南）	宿预郡、淮阳郡、朝阳郡、临沭郡、晋宁郡、高平郡、朱沛郡、修仪郡、安丰郡、绥化郡、吕梁郡、恩抚郡、西淮郡、扶风郡、兰陵郡、清河郡、巨鹿郡、太山郡、东平郡、阳平郡、归义郡；实县侨郡一
仁州	赤坎戍（安徽固镇东南）	领郡乏考
睢州	竹邑城（安徽宿州埇桥区）	南济阴郡、沛郡
潼州	取虑城（安徽灵璧）	领郡乏考
陈州	许昌（安徽阜阳东）	汝阴、弋阳二郡、财丘、梁兴二郡、西恒农、陈南二郡、清河、南阳二郡、汝南、太原二郡、东恒农郡、新蔡、南陈留二郡、荥阳、北通二郡、新兴郡、东郡、汝南二郡
青、冀二州	郁洲（江苏连云港东云台山）	北海郡、东彭城郡、北谯郡、北东海郡、僮阳郡；实县侨郡二
南、北二青州	（江苏连云港赣榆西）	领郡乏考
汴州	下蔡（安徽淮南西北）	汴郡、淮阳郡
西豫州	广陵城（河南息县）	汝南郡

续表

州名	治所	辖区
淮州	白狗堆（河南正阳西南）	淮川郡
南荆州	（约河南确山南）	领郡乏考
楚州	楚城（河南信阳平桥）	城阳郡、仵城郡、西汝南郡、汝阳郡；实县侨郡一
华州	淮安（河南桐柏）	上川郡、西义阳郡
荆州	江陵（湖北荆州）	南郡、南平郡、天门郡、汶阳郡、武宁郡、南湘安郡、义阳郡
宜州	夷陵（湖北宜昌西北）	宜都郡
郢州	夏口城（武汉武昌）	江夏郡、河阳郡、营阳郡、州城郡、武昌郡、西阳郡、建安郡、上隽郡、巴陵郡、武陵郡、南阳郡、夜郎郡；实县侨郡二
新州	新阳（湖北京山）	梁宁郡
北新州	苌寿（湖北钟祥）	竟陵郡、齐兴郡
土州	龙巢（湖北随州东北）	东永宁郡、西永宁郡、真阳郡
富州	（约湖北京山东北）	领郡乏考
涧州	（约湖北钟祥、京山）	领郡乏考
泉州	（约湖北钟祥、京山）	领郡乏考
豪州	（约湖北钟祥、京山）	领郡乏考
北司州	平阳（河南信阳）	北义阳郡、随郡、曲阳郡、齐安郡、北随郡、崇义郡
……	……	……

表1-20　陈后主祯明二年（公元588年）南朝陈行政区划表

州名	治所	辖区
扬州	建康（江苏南京）	丹阳郡、南琅邪、彭城二郡、陈留郡；实县侨郡二，实县十六
吴州	吴（江苏苏州）	吴郡、钱塘郡、吴兴郡；实县十八
东扬州	山阴（浙江绍兴）	会稽郡、临海郡、新安郡、东阳郡、永嘉郡；实县三十六
丰州	东候关（福建福州）	晋安郡、建安郡、南安郡；实县十四
南徐州	京口（江苏镇江）	东海郡、晋陵郡、义兴郡、江阴郡、信义郡；实县侨郡一，实县二十一

续表

州名	治所	辖区
南豫州	姑熟（安徽当涂）	淮南郡、宣城郡；实县侨郡一，实县十
北江州	南陵（安徽池州贵池西南）	南陵郡；实县四
江口	湓口城（江西九江）	寻阳郡、鄱阳郡、太原郡、豫章郡、庐陵郡、南康郡、巴山郡、豫宁郡、临川郡、安成郡、安乐郡、广丰郡；实县侨郡一，实县六十一
郢州	夏口城（武汉武昌）	江夏郡、上隽郡、武昌郡；实县九
巴州	巴陵（湖南岳阳）	巴陵郡；实县一
湘州	临湘（湖南长沙）	长沙郡、湘东郡、衡阳郡、邵陵郡、岳阳郡、零陵郡、永阳郡、绥越郡、乐梁郡；实县四十三
武州	临沅（湖南常德）	武陵郡、药山郡、沅陵郡、夜郎郡、南阳郡；实县侨郡一，实县十三
荆州	公安（湖北公安西北）	南平郡、天门郡、义阳郡；实县侨郡一，实县十
祐州	松滋（湖北松滋西北）	宜都郡；实县六
信州	安蜀城（湖北宜昌西北）	领郡乏考
广州	番禺（广东广州）	南海郡、东官郡、高要郡、晋康郡、宋隆郡、梁泰郡、清远郡、乐昌郡、梁化郡、义安郡、绥建郡；实县五十六

第二十节　北朝的空间秩序

《中国行政区划通史》中研究和阐述了北朝的行政区划：北朝的政区体系与南朝一样，基本上也保持着汉晋以来的州—郡—县三级体制，但北方少数民族入主的现实，也给行政区划带来了一些变化。总的来说，南朝政区滥置，侨置州郡县的现象北朝都存在。如北魏孝文帝太和年间（公元477—499年）设置38州至北魏末年竟达80余州，以后分裂为东西两魏时，共有110余州，至北周大象二年（公元580年），居然州数达211个。郡的设置与州大体相同，不但滥置，而且程度超过南朝，北周末年就有500多个郡。又如侨置制度，北朝同样存在，但不如东晋南朝兴盛。北朝比较独特的行政区划模式，首推镇戍制度。此制度北魏实行较为典型，故以北魏为例。北魏初年，在边境要地建立镇戍，由武将率军守卫，正式的行政区反退居次，随着镇戍越设越多，为便利管理，遂以镇将兼理当地民事，至北魏明帝（公元516—528年）以后，州、郡、县设置渐密集，真正的行政区才发挥出越来越突出的作用。北朝政区的第二个特点，是将政区分等。当时将州、郡、县各分为三等，每等又各分为上、中、下三个层级，共为九等，以其政治、军事、经济地位为分等依据。北魏也实行分封制，但仍然没有实土。所封的王、公、侯、子四个等级，王食大郡租税，公食小郡租税，侯、子两级则分别食大、小县。如下表1-21、表1-22和表1-23：

表1-21　孝文帝迁都洛阳前后（公元494年前后）北魏行政区划表

时期	州及治所	辖区
平城时期	夏州（统万）	初领金明、代名、偏城、朔方、上郡、定阳等郡；488年置化政、阐熙二郡；513年偏城、朔方上郡、定阳等郡划入东夏州
	汾州（蒲子）	领有西河、吐京、五城、定阳等郡
	陕州（陕城）	领有恒农郡
	梁州（洛谷）	初领天水、汉阳、武都、白水、武阶、修城、仇池七郡；508年白水郡废为白水县，划入武都郡
	凉州（姑臧）	前后领有武安、临松、建昌、番和、泉城、武兴、武威、昌松、东泾、梁宁、广武、魏安、西郡、东张掖等郡
	河州（抱罕）	领有金城、武始、洪和、临洮四郡
	瀛州（赵都军）	初领河间、高阳、章武、浮阳四郡。500年浮阳郡并于章武郡，517年复置浮阳郡，划入沧州
	郢州（鲁阳）	领郡乏考
	燕州（军都）	据《地形志》载领有昌平、上谷二郡。可能还领有广宁、平原、东代、大宁等郡
	沙州（酒泉）	领郡乏考
	宁州（治乏考）	领郡乏考
	灵州（宕昌）	领郡乏考

时期	州及治所	辖区
洛阳时代	南兖州（涡阳）	领有马头、谁、梁、下蔡（495年置）、陈留诸郡
	东豫州（广陵）	领有汝南、东新蔡、新蔡、弋阳、阳安五郡
	广州（治乏考）	领郡乏考
	东郢州（汝阴）	当领有汝阴一郡
	荆州（鲁阳）	当领有南阳、顺阳、襄城等郡
	荆州（穰城）	领有南阳、顺阳、新野、东恒农、汉广、襄城、北清、恒农建城、消阳等郡，景明末年罢建城郡置戍，533复置后划入襄州，消阳郡当废于北魏末年

表1-22　东魏北齐部分州郡沿革表（公元534—577年）

地域	州及治所	辖区沿革
河北部分	司州（邺城）	534年东魏司州领有魏郡、林虑、广平、阳平顿丘、汲郡、黎阳、东郡、濮阳、清河、广宗、北广平等郡，东魏改北魏魏郡为魏尹；北齐时魏尹改称清都尹，废林虑郡、顿丘郡和北广平郡，并入广平郡，废广宗郡入清河郡，增置襄国郡；北齐末年司州当领有清都尹、广平、阳平、汲郡、黎阳、东郡、濮阳、清河、襄国等郡
	义州（陈城）	东魏义州领有五城、泰宁、新安、淹池、恒农宜阳、金门七郡，北齐时省并泰宁、新安、淹池、恒农、宜阳、金门六郡十八县，北齐义州后仅领有五城（亦作伍城）一郡
	怀州（野王）	东魏怀州领有河内、武德二郡；北齐同
	定州（卢奴城）	东魏武定年间（543—550年）定州领有中山、常山、巨鹿、博陵、北平五郡；北齐省废北平郡；556年之后，北齐定州领有中山、常山巨鹿、博陵四郡
	冀州（信都）	东魏武定年间（543—550年）冀州领有长乐、渤海、武邑安德四郡；北齐省并武邑郡；556年之后，北齐冀州当领有长乐、渤海、安德三郡
	瀛州（赵都军城）	东魏瀛州领有高阳、章武、河间三郡；北齐同
	赵州（广阿）	东魏武定年间（543—550年）殷州领有赵巨鹿南赵三郡；北齐省并巨鹿郡入赵郡；556年后，北齐赵州当领有赵、南赵二郡

续表

地域	州及治所	辖区沿革
	沧州（饶安城）	东魏武定年间（543—550年）领有浮阳、乐陵安德三郡；北齐省废安德郡入乐陵郡；556年后，北齐沧州领有浮阳、乐陵二郡
	幽州（蓟城）	东魏领有燕、范阳、渔阳三郡，北齐同
河南部分	豫州（悬瓠城）	534年当领有汝南、新蔡、初安、襄城、颍川、汝阳、城阳等；537年东魏罢郢州置义阳郡划入豫州；兴和年间（539—542年）分东豫州部分置广陵郡并划入，武定年间（543—550年）豫州领有汝南、预川、汝阳、义阳、新蔡初安、襄城、城阳、广陵九郡；北齐废义阳、城阳二郡，改颍川郡为临颍郡，改襄城郡为文城郡，改新蔡郡为广宁郡；556年后，豫州领有汝南、临颍、汝阳、广宁、初安、文城、广陵七郡；573年广陵郡为陈所占
	北豫州（虎牢）	534年分荥阳郡置广武、成果二郡，以此三郡置北豫州；北齐省并荥阳、成皋二郡为成皋郡；556年后，北豫州领有广武、成皋二郡
	徐州（彭城）	东魏武定年间（543—550年）领有彭城、南阳平、蕃、沛、兰陵、北济阴、砀七郡；北齐省废蕃砀二郡，废北济阴郡，以其部分领县改置永昌郡；556年后，北齐徐州领有彭城、南阳、平、沛、兰陵、永昌五郡
	西兖州（左城）	北魏末年领有济阴、濮阳二郡，534年划濮阳郡入邺城之司州；540年分济阴郡置沛郡，定年间（543—550年）西兖州实领有沛、济阴二郡；北齐因徐州置有沛郡而废省西兖州沛郡；556年后，北齐西兖州领有济阴一郡
	南兖州（谯城）	534年领有陈留、梁、下蔡、谯、北梁、沛、马头、临涣八郡；535年改陈留郡武平县为武平镇，兴和年间（539—542年）罢临涣郡，所领下邑县划入马头郡；武定年间（543—550年）领有陈留、梁、下蔡、谯、北梁、沛、马头七郡；北齐省并谯、北梁、沛、马头、下蔡五郡；556年后，北齐南兖州领有陈留、梁二郡
	广州（襄城）	东魏武定年间（543—550年）领有南阳、顺阳、定陵、鲁阳、汝南、汉广、襄城七郡；鲁阳郡陷于西魏北周，北齐时又省废汝南郡；广州在北齐领有南阳、顺阳、定陵、汉广、襄城五郡

表1-23　　西魏北周部分州郡沿革表（公元535—581年）

州及治所	辖区沿革	州置时及变动情况
雍州（长安）	北魏末年，雍州领有京兆、冯翊、扶风、咸阳、渭南五郡。西魏增置宁夷郡；558年，北周置有京兆、冯翊、扶风、咸阳、武功、周南、秦（本西魏宁夷郡）、蓝田、渭南、建忠、中华、灵武十二郡；573年武功、周南、秦、蓝田、渭南、建忠、中华、灵武等八郡分别并入京兆、冯翊、扶风、咸阳等四郡	承袭北魏建置
恒州（敖屋）	管理军户，不领郡县	567年北周建置
宜州（泥阳）	初领北地、建忠、宜君三郡；554年西魏划北地郡一部分另置通川郡，治泥阳；558年北周将富平县所置北地郡改称中华郡，与建忠郡一起划入雍州，另北周又新置云阳郡；北周宜州后领有通川、宜君、云阳三郡	原为北雍州，528年北魏置。554年西魏将北雍州改为宜州
华州（郑县）	原领有华山一郡，537年西魏分冯翊郡夏封、莲勺二县另置延寿郡，划入本州；北周华州领有华山、延寿二郡	526年北魏置东雍州；554年西魏改称华州
同州（冯翊）	北魏永熙年间（532—534年）华州领有武乡、澄城、白水三郡；西魏北周同州同	北魏置华州，554年西魏改为同州
岐州（雍城镇）	北魏永熙年间（532—534年）岐州领有平秦、武都、武功三郡；西魏时领有岐山、武功、武都三郡，574年北周省并武功郡；574年后，北周岐州领有岐山武都二郡	承袭北魏建置
北周燕州（扶风）	管理军户，不领郡县	566年北周置
北周显州（陈仓）	管理军户，不领郡县	568年北周置，574年废
北周朔州（洛邑）	如所置为朔州当为管理军户，不领郡县；如所置为翔州，当领有武都一郡	北周天和年间（566—572年）置
北周云州	管理军户，不领郡县	566年北周置，574年省废

续表

州及治所	辖区沿革	州置时及变动情况
陇州（汧阴）	北魏末年东秦州领有陇东、安夷、沂阳三郡，沂阳郡北魏西魏时或有废置；570年北周置汧阳郡，寻废省；北周末年陇州领有陇东、安夷二郡	522年北魏置东秦州；554年西魏改为陇州；579年复置
泾州（安定）	北魏永熙年间（532—534年）泾州领有安定、陇东、新平、赵平、平凉、平原六郡；北魏末年或西魏初年陇东郡可能已经省并；西魏省并平原郡，将新平郡划豳州（原名南豳州），另置安武郡；北周时赵平郡被省废，北周末年泾州领有安定、安武、平凉三郡	承袭北魏建置

第二十一节 《隋书·地理志》中的空间秩序

华林甫等在著作《隋书·地理志汇释》中研究和阐述了隋朝的行政区划：隋朝（公元581—618年）面对魏晋南北朝之乱时政区混乱、官员庞杂、效益低下的局面，对原有的行政区划体制进行了全面而深刻的改革。开皇三年（公元583年），隋文帝接受兵部尚书杨尚希的建议，罢天下诸郡，改地方行政区划州—郡—县三级制为州—县二级制，又省并了许多州县；至炀帝大业初年，又改州为郡，再次大规模省并州县，并置十四刺史巡行天下，使全国行政区划整齐划一，分布合理。隋朝虽然存续时间不长，但它在行政区划制度改革上却是成绩斐然，影响深远。如同秦王朝一样，虽二世而亡，但它推行的郡县制却影响了中国两千多年。隋朝总结秦汉以后七八百年的行政体制运行情况，存良除弊，改三级制为二级制，省并许多不必要的州县，使郡县制更趋合理，运行更为良好，唐宋以后基本上仍按二级制运行，可见其意义深远。隋代郡级政区中，京兆、河南不置守，而曰尹，以示京都的重要；县是二级政区，长官曰令。东西二都的大兴、长安、河南、洛阳四县令，并增为正五品；县下为乡里，为了加强对人民的控制，朝廷在地方进一步整顿了人口编制："五家为保，保有长；保五为，四为族，皆有正，外置里正比闾正，党正比族正，以相检察焉。"在京城之内外设置这三长官的目的就是征集赋税、摊派徭役，使民能相互检举。此外，隋朝大业年间又曾在二级政区之上，效法西汉的州制，重新设置过一种监察区，这种监察区据记载共有 14 个。对京都周围地区，则派司隶台大夫一人、别驾二人分别负责巡察，但由于记载不详，14 个监察区如何划分，则不得而知。这 14 个监察区的长官亦称刺史，职责是代表中央政府每年分区定期巡视全国各地州、县，监察官吏有无违法事例、不办理民事，并将实况上报，与西汉刺史部极为相似。

表 1-24　　隋大业三年（公元 607 年）全国行政区划表

地区	郡名	辖区
雍州地区	京兆	大兴、长安、鄠县、盩厔、蓝田、新丰、渭南、高陵、万年、三原、富平、始平、武功、泾阳、醴泉、华原、宜君、同官、云阳、郑县、华阴、上宜
	冯翊	冯翊、朝邑、澄城、郃阳、蒲城、白水、下邽、韩城
	扶风	雍县、岐山、郿县、虢县、汧源、汧阳、南由、陈仓、普润
	安定	安定、鹑觚、阴盘、朝那、良原、湫谷、华亭
	北地	安定、罗川、彭原、襄乐、新平、三水
	上郡	内部、三川、廊城、洛川、洛交
	雕阴	上县、大斌、城平、开疆、抚宁、延福、绥德、真乡、开光、银城、儒林
	延安	丰林、因城、魏平、临真、延安、延川、义川、咸宁、汾川、金明、胏施
	弘化	洛源、弘化、合水、华池、马岭、弘德
	平凉	平高、默亭、乌兰、百泉、平凉、凉川、他楼
	朔方	岩绿、宁朔、长泽
	盐川	五原
	灵武	回乐、怀远、灵武、丰安、弘静、鸣沙
	榆林	榆林、金河、富昌
	五原	九原、永丰、安化
	天水	上邽、冀城、清水、秦岭、陇城、成纪
	陇西	襄武、障县、陇西、渭源、长川
	金城	金城、狄道
	枹罕	枹罕、大夏、龙支、水池
	浇河	河津、达化
	西平	湟水、化隆

续表

地区	郡名	辖区
	武威	姑臧、昌松、允吾、番和
	张掖	张掖、删丹、福禄
	敦煌	敦煌、常乐、玉门
梁州地区	汉川	南郑、城固、褒城、西县、兴势、黄金、西乡、难江
	西城	金川、洵阳、安康、石泉、黄土、丰利
	房陵	光迁、永清、上庸、竹山
	清化	化成、曾口、清化、始宁、归仁、其章、恩阳、永穆、盘道、长池、符阳、白石、安固、伏虞
	通川	通川、三冈、石鼓、东乡、宣汉、西流、万世
	宕渠	流江、宾城、宕渠、咸安、邻水、邻山、垫江
	汉阳	上禄、潭水、长道
	临洮	美相、临潭、叠川、合川、乐川、归政、洮源、洮阳、临洮、和政、当夷
	宕昌	良恭、和戎、怀道
	武都	将利、建威、覆津、盘堤、长松、正西、曲水
	同昌	尚安、钳川、同昌、帖夷、嘉诚、金崖、封德、常芬、丹岭
	河池	两当、梁泉、河池、同谷
	顺政	顺政、鸣水、长举、修城
	义城	绵谷、益昌、义城、葭萌、嘉川、岐坪、景谷
	平武	江油、平武、马盘、方维
	汶山	汶山、北川、汶川、翼针、翼水、通轨、左封、平康、交川、江源、通化
	普安	普安、永归、临津、黄安、武连、阴平、梓潼
	金山	巴西、昌隆、魏城、金山、神泉、万安、涪城
	新城	郪县、射洪、盐亭、通泉、飞乌
	巴西	阆内、南部、苍溪、南充、相如、晋城、西水、奉国、仪陇、大寅
	遂宁	方义、长江、青石
	涪陵	石镜、汉初、赤水
	巴郡	巴县、江津、涪陵
	巴东	人复、云安、巫山、大昌、秭归、巴东、南浦、梁山、武宁、新浦、盛山、临江、务川、扶阳
	蜀郡	成都、郫县、双流、新津、晋原、清城、九陇、雒县、绵竹、金泉、阳安、平泉、玄武

第一章 空间秩序:公元1840年以前 | 45

续表

地区	郡名	辖区
	临邛	严道、名山、依政、临邛、蒲江、临溪、沈黎、卢山、汉源
	眉山	通义、丹棱、青神、龙游、平羌、峨眉、夹江、洪雅
	隆山	仁寿、贵平、隆山、始建
	资阳	资阳、盘石、内江、安岳、普慈、降康、安居、威远、大牢
	泸川	泸川、绵水、江安、合江、富世
	犍为	僰道、南溪、犍为、开边
	越巂	邛都、苏祇、可泉、台登、邛部、越巂
	牂柯	牂柯、宾化
	黔安	彭水、涪川
豫州地区	河南	河南、洛阳、缑氏、阳城、嵩阳、陕县、阌乡、宜阳、寿安、熊耳、渑池、新安、陆浑、伊阙、桃林、偃师、巩县
	荥阳	荥阳、汜水、圃田、阳武、浚仪、开封、荥泽、酸枣、管城、原武、新郑
	梁郡	宋城、考城、下邑、雍丘、襄邑、砀山、楚丘、宁陵、陈留、圉城、虞城、谷熟、柘城
	谯郡	谯县、城父、山桑、临涣、谷阳、鄸县
	济阴	济阴、定陶、冤句、乘氏、成武、济阳、外黄、金乡、单父
	襄城	承休、梁县、阳翟、鲁县、犨城、辅城、汝南、汝源
	颍川	颍川、临颍、许昌、扶沟、襄城、繁昌、叶县、汝坟、北舞、郾城、长葛、尉氏、鄢陵、隐强
	汝南	汝阳、吴房、朗山、西平、新蔡、城阳、真阳、新息、褒信、上蔡、平舆
	淮阳	宛丘、西华、柳城、项城、南顿、太康、鹿邑、郸县、铜阳、潋水、扶乐
	汝阴	汝阴、颍上、颍阳、清丘、下蔡
	上洛	上洛、丰阳、商洛、洛南、上津
	弘农	卢氏、长渊、朱阳、弘农
	淅阳	内乡、南乡、丹水、武当、均阳、安福、郧乡
	南阳	穰县、新野、南阳、课阳、新城、冠军、菊潭、顺阳
	淯阳	武川、向城、方城
	淮安	比阳、慈丘、桐柏、平氏、真昌、显冈、临舞
兖州地区	东郡	白马、胙城、匡城、濮阳、离狐、韦城、灵昌、卫南、封丘
	东平	郓城、鄄城、宿城、须昌、雷泽、巨野
	济北	卢县、东阿、肥城、寿张、平阴、长清、济北、范县、阳谷

续表

地区	郡名	辖区
	武阳	贵乡、观城、莘县、武阳、馆陶、聊城、元城、繁水、魏县、顿丘、临黄、堂邑、冠氏、武水
	渤海	阳信、乐陵、饶安、清池、盐山、南皮、无棣、滴河、厌次、蒲台
	平原	安德、平原、东光、平昌、长河、将陵、般县、弓高、胡苏
冀州地区	信都	长乐、枣强、下博、阜城、武强、蓨县、斌强、鹿城、武邑、南宫、堂阳、衡水
	清河	清河、清阳、宗城、清泉、高唐、博平、茌平、武城、漳南、临清、清平、经城、历亭、鄃县
	魏郡	安阳、成安、临漳、洹水、邺县、溢阳、临水、林虑、灵泉、尧城、临淇
	汲郡	卫县、汲县、黎阳、汤阴、隋兴、内黄、临河、澶渊
	河内	河内、安昌、王屋、获嘉、修武、新乡、共城、温县、济源、河阳
	长平	丹川、高平、端氏、濩泽、沁水、陵川
	上党	上党、襄垣、长子、黎城、乡县、铜鞮、沁源、涉县、潞城、屯留
	河东	河东、虞乡、汾阴、猗氏、安邑、夏县、河北、芮城、龙门、桑泉
	绛郡	正平、闻喜、曲沃、绛县、稷山、垣县、太平、翼城
	文城	吉昌、文城、伍城、昌宁
	临汾	临汾、襄陵、冀氏、岳阳、霍邑、杨县、汾西
	龙泉	隰川、石楼、永和、楼山、蒲县
	西河	隰城、介休、永安、平遥、灵石、绵上
	离石	离石、平夷、方山、修化、定胡、太和、汾源、蔚汾
	雁门	雁门、崞县、五台、灵丘、繁畤、秀容
	马邑	善阳、神武、开阳、云内
	定襄	大利
	太原	晋阳、太原、文水、寿阳、榆次、太谷、汾阳、乐平、和顺、石艾、祁县、辽山、交城、平城、孟县
	襄国	龙冈、内丘、南和、平乡、柏仁、巨鹿、沙河
	武安	永年、平恩、临洺、武安、洺水、肥乡、邯郸、清漳
	赵郡	平棘、高邑、瘿陶、大陆、藁城、元氏、房子、栾城、赞皇、柏乡、鼓城
	恒山	真定、井陉、灵寿、行唐、九门、滋阳、石邑、房山
	博陵	鲜虞、北平、恒阳、毋极、安平、义丰、深泽、唐县、新乐、隋昌
	河间	河间、乐寿、鄚县、高阳、博野、清苑、平舒、景城、文安、长芦、饶阳

续表

地区	郡名	辖区
	源郡	束城、鲁城
	上谷	蓟县、良乡、安次、逐县、潞县、雍奴、怀戎、昌平、固安
	渔阳	易县、遂城、永乐、遒县、涞水、飞狐
	北平	无终
	安乐	卢龙
	柳城	燕乐、密云
青州地区	彭城	彭城、沛县、萧县、兰陵、滕县、丰县、蕲县、谷阳、符离、留县、方与
	鲁郡	瑕丘、任城、曲阜、邹县、龚丘、平陆、博城、梁父、嬴县、泗水
	琅邪	临沂、费县、颛臾、新泰、沂水、莒县、东安
	东海	朐山、东海、涟水、沭阳、怀仁
	下邳	宿豫、徐城、淮阳、夏丘、下邳、良城、郯县
扬州地区	江都	江阳、江都、海陵、宁海、山阳、盐城、高邮、时胎、安宜、清流、全椒、六合、永福、延陵、曲阿、句容
	钟离	钟离、定远、化明、涂山
	淮南	寿春、安丰、小黄、长平、霍丘
	弋阳	光山、乐安、定城、殷城、固始、期思
	蕲春	蕲春、蕲水、浠水、黄梅、罗田
	庐江	合肥、襄安、庐江、慎县、霍山、开化、浑水
	同安	怀宁、太湖、宿松、望江、同安
	历阳	历阳、乌江
	丹阳	江宁、当涂、溧水
	宣城	宣城、泾县、南陵、绥安、永世、秋浦
	毗陵	晋陵、无锡、江阴、义兴
	吴郡	吴县、昆山、常熟、乌程、长城
	会稽	会稽、句章、诸暨、剡县
	余杭	钱唐、富阳、於潜、余杭、盐官、武康、临安
	新安	休宁、歙县、黟县
	东阳	金华、永康、乌伤、信安
	永嘉	括仓、永嘉、安固、松阳、临海、始丰
	建安	闽县、建安、南安、龙溪
	遂安	雉山、遂安、桐庐

续表

地区	郡名	辖区
	鄱阳	鄱阳、余干、弋阳
	临川	临川、南城、邵武、崇仁
	庐陵	庐陵、安复、新淦、泰和
	南康	赣县、雩都、虔化、南康
	宜春	宜春、萍乡、新喻
	豫章	豫章、建昌、建昌、丰城
	南海	南海、增城、宝安、翁源、清远、政宾、四会、化蒙、怀集、曲江、乐昌、始兴、含洭、义宁、新会
	龙川	归善、河源、博罗、兴宁、海丰
	义安	海阳、海宁、潮阳、程乡、万川
	高凉	高凉、茂名、杜原、海安、阳春、连江、电白、石龙、吴川
	信安	高要、端溪、乐城、平兴、新兴、铜陵、博林
	永熙	泷水、怀德、良德、安遂、永熙、永业
	苍梧	封川、苍梧、封阳、都城
	始安	始安、荔浦、平乐、桂林、象县、阳寿、龙城、马平、义熙、建陵、龙平、豪静、富川、阳朔、隋化、永福
	永平	永平、武林、安基、普宁、戎城、宁人、大宾、隋建、隋安、淳人、贺川
	郁林	郁林、郁平、马度、阿林、石南、桂平、宁浦、乐山、岭山、安成、领方、宣化
	合浦	合浦、扇沙、北流、南昌、封山、定川、龙苏、抱成、隋康、海康、铁杷
	珠崖	义伦、武德、九龙、临振
	宁越	钦江、内亭、安京、海安、南宾、遵化
	交趾	宋平、平道、安人、龙编、朱鸢、交趾、隆平、嘉宁、新昌
	九真	九真、移风、胥浦、隆安、军安、安顺、日南
	日南	九德、咸驩、浦阳、越常、安远、光安、金宁、交谷
	比景	比景、朱吾、寿泠、西卷
	海阴	新容、真龙、安乐、多农
	林邑	象浦、金山、交江、南极
荆州地区	南郡	江陵、枝江、安兴、紫陵、公安、松滋、宜昌、长杨、当阳、长林
	夷陵	夷陵、夷道、远安
	竟陵	长寿、蓝水、汉东、莎川、清腾、乐乡、丰乡、章山

续表

地区	郡名	辖区
	沔阳	沔阳、竟陵、甑山、监利、汉阳
	沅陵	沅陵、盐泉、大乡、辰溪、龙标
	武陵	武陵、龙阳
	清江	盐水、巴山、清江、开夷、建始
	襄阳	襄阳、阴城、谷城、安养、上洪、率道、汉南、义清、南漳、常平、都县
	春陵	枣阳、清潭、春陵、湖阳、上马、蔡阳
	汉东	隋县、光化、上山、唐城、安贵、顺义、平林、上明
	安陆	安陆、应阳、云梦、孝昌、吉阳、京山、富水、应山
	永安	黄冈、黄陂、木兰、麻城
	义阳	义阳、礼山、钟山、罗山、淮源
	九江	湓城、彭泽
	江夏	江夏、武昌、永兴、蒲圻、城塘
	澧阳	澧阳、屠陵、安乡、崇义、慈利、石门
	巴陵	巴陵、华容、沅江、湘阴、罗县
	长沙	长沙、衡山、益阳、邵阳
	衡山	衡阳、沫阴、湘潭、新宁
	桂阳	郴县、晋兴、临武、卢阳
	零陵	零陵、湘源、永阳、营道、冯乘
	熙平	桂阳、阳山、连山、宣乐、游安、熙平、武化、桂岭、开建

第二十二节 《体国经野 历代行政区划》中的空间秩序

李晓杰在《体国经野 历代行政区划》中研究和阐述了唐朝、五代十国、辽朝、北宋、南宋、西夏以及金朝的行政区划，具体如下：

1. 唐朝行政区划

唐代（公元 618—907 年）地方行政区划，基本为州—县二级制。李渊伐隋后，"改郡为州，太守为刺史，又置都督府以治之"。到了玄宗天宝元年（公元 742 年）又改州为郡，置太守，十多年后的肃宗乾元元年（公元 758 年）又改回之，置刺史。此后郡的名称便在历史消失，以州统县成为定制，与州同等者还有府和都护府。在州一级的行政区划中，唐朝还创造了府。首先是在首都和陪都设府，以后凡重要地区或与皇帝有密切关联的地方陆续升为府，以突出皇帝和封建专制的权威。

最先设置的府是京兆府和河南府，时间为玄宗开元元年（公元713年）。因首都长安位于当时的雍州，陪都洛阳位于当时的洛州，故同时升格为府。以后设的府有：太原府（公元732年，原并州），凤翔府（公元757年，原岐州），成都府（公元757年，原益州）等，唐代共设置过10个府。

此外，唐朝初年依"山河形便"，划分10道，即关内道、河南道、河北道、河东道、陇右道、山南道、淮南道、江南道、岭南道、剑南道。当时这10道仅为自然地理区划，不存在任何政区的意义。玄宗开元二十一年（公元733年）将10道分为15道，即从关内道中析出京畿道（辖区为首都长安周围），从河南道中析出都畿道（辖区为洛阳周围），江南道分为江南东道和江南西道两个道，山南道分为山南东道和山南西道两道，又增设黔中道。此时的道在向监察区转化的道路上大大前进了一步，每道有了固定的治所和官员，如汉代的刺史。

唐朝中期以后，又出现了节度使辖区。高宗永徽（公元650—655年）年间后，为加强军事防务，给边境地区的都督带使持节，以示权力之重。这种带使持节的都督又称节度使。睿宗景云二年（公元711年）正式任命凉州都督为河西节度，此后成为定制。玄宗天宝年间（公元742—756年），唐朝在南北边防地区共设置了九个节度使和一个经使，合称十节度。即：范阳节度使、平卢节度使、朔方节度使、河东节度使、河西节度使、陇右节度使、剑南节度使、安西节度使、北庭节度使和岭南经使。

至此，由地理区划向监察区划渐变的道与总管府、都督府辖区向节度使辖区渐变的镇或道合而为一，于唐朝后期形成了州（府）以上的真正的行政区划，即道（镇）—州（府）—县三级行政区划体系。

表1-25　　唐玄宗天宝十三载（公元754年）唐朝行政区划总表

道名	都督府、都护府、大藩属国名	府、郡、军、中藩属国、羁縻府、羁縻部名
京畿道	直属地区	西京京兆府（23县）、冯翊郡（7县）、华阴郡（3县）、上洛郡（6县）、安康郡（6县）、扶风郡（9县）、新平郡（4县）
关内道	直属地区	中部郡（4县）、洛交郡（5县）
关内道	延安郡都督府	延安郡（9县）、上郡（5县）、咸宁郡（5县）、直辖羁縻地区（2州）
关内道	安化郡都督府	安化郡（10县）、彭原郡（6县）、羁縻芳池州都督府（10州）、羁縻安定州都督府（8州）、羁縻安化州都督府（8州）
关内道	平凉郡都督府	平凉郡（4县）、安定郡（5县）、开阳郡（5县）、会宁郡（2县）、直辖羁縻地区（1州）
关内道	灵武郡都督府	灵武郡（6县）、五原郡（2县）、直辖羁縻地区（6州）、羁縻乐容州都督府（3州）
关内道	朔方郡都督府	朔方郡（4县）、银川郡（4县）、宁朔郡（3县）、直辖羁縻地区（1州）、羁縻静边州都督府（26州）、羁縻云中州都督府（1州）、羁縻定襄州都督府（1州）、羁縻桑干州都督府（1州）、羁縻呼延州都督府（1州）、羁縻归德州都督府（2州）
关内道	榆林郡都督府	榆林郡（2县）、新秦郡（3县）
关内道	安北都护府	直辖地区（1县）、九原郡（3县）、天安军（2城）
关内道	单于都护府	直辖地区（1县）、振武军（1城）
河东道	直属地区	北京太原府（13县）、河东郡（8县）、弘农郡（6县）、绛郡（11县）、平阳郡（9县）、文城郡（5县）、大宁郡（6县）、西河郡（5县）、昌化郡（5县）、楼烦郡（4县）、乐平郡（4县）
河东道	上党郡都督府	上党郡（10县）、高平郡（6县）、阳城郡（3县）
河东道	雁门郡都督府	雁门郡（5县）、定襄郡（2县）、马邑郡（2县）、云中郡（1县）、安边郡（3县）
河北道	范阳郡都督府	范阳郡（10县）、上谷郡（8县）、妫川郡（2县）、归德郡（1县）、顺义郡（1县）、归化郡（1县）、密云郡（2县）、渔阳郡（3县）、直辖羁縻地区（14州）

续表

道名	都督府、都护府、大藩属国名	府、郡、军、中藩属国、羁縻府、羁縻部名
	直属地区	魏郡（10县）、汲郡（5县）、邺郡（11县）、广平郡（10县）、钜鹿郡（9县）、赵郡（9县）、常山郡（9县）、博陵郡（11县）、文安郡（6县）、河间郡（6县）、饶阳郡（4县）、信都郡（9县）、景城郡（12县）、乐安郡（5县）、平原郡（7县）、清河郡（9县）、博平郡（6县）
	柳城郡都督府	柳城郡（1县）、北平郡（3县）、直辖羁縻地区（2州）、羁縻儒州都督府（3州）
	安东都护府	保定军、怀远军、直辖地区（2城）、羁縻建安州都督府（4州）、羁縻辽城州都督府（4州）、羁縻新城州都督府（5州）、羁縻哥勿州都督府（6州）、藩属新罗国兼羁縻鸡林州都督府（1州）
	押奚契丹两藩渤海黑水等四府经处置使	羁縻饶乐州都督府（6州）、羁縻松漠州都督府（7州）、藩属靺鞨国兼羁縻忽汗州都督府（1州）、羁縻黑水州都督府（5州）、羁縻安静州都督府（3州）、羁縻室韦州都督府（9州）
都畿道	直属地区	东京河南府（26县）、河内郡（5县）、荥阳郡（7县）、临汝郡（7县）、陕郡（5县）
河南道	直属地区	陈留郡（6县）、灵昌郡（7县）、济阴郡（6县）、濮阳郡（5县）、东平郡（9县）、济南郡（9县）、淄川郡（5县）、北海郡（7县）、东莱郡（4县）、东牟郡（4县）、高密郡（4县）、东海郡（4县）、临淮郡（6县）、彭城郡（7县）、睢阳郡（10县）、谯郡（8县）、汝阴郡（4县）、淮阳郡（6县）、汝南郡（11县）、颍川郡（7县）
	鲁郡都督府	鲁郡（11县）、琅邪郡（5县）
淮南道	广陵郡都督府	广陵郡（7县）、历阳郡（3县）、永阳郡（3县）
	直属地区	寿春郡（5县）、钟离郡（3县）、淮阴郡（5县）、庐江郡（5县）、同安郡（5县）、蕲春郡（4县）、齐安郡（3县）、义阳郡（3县）、弋阳郡（5县）
	安陆郡都督府	安陆郡（6县）、汉阳郡（2县）、富水郡（3县）、汉东郡（4县）

续表

道名	都督府、都护府、大藩属国名	府、郡、军、中藩属国、羁縻府、羁縻部名
江南东道	直属地区	吴郡（7县）、丹阳郡（6县）、晋陵郡（5县）、吴兴郡（5县）、馀杭郡（9县）、新定郡（6县）、新安郡（5县）
	会稽郡都督府	会稽郡（6县）、馀姚郡（4县）、临海郡（6县）、东阳郡（7县）、信安郡（6县）、缙云郡（5县）、永嘉郡（4县）
	长乐郡都督府	长乐郡（8县）、清源郡（4县）、临汀郡（3县）、建安郡（6县）
江南西道	豫章郡都督府	豫章郡（6县）、临川郡（4县）、南康郡（6县）、庐陵郡（5县）、宜春郡（3县）
	长沙郡都督府	长沙郡（5县）、衡阳郡（7县）、桂阳郡（8县）、连山郡（3县）、江华郡（4县）、零陵郡（3县）、邵阳郡（2县）
	直属地区	宣城郡（11县）、鄱阳郡（5县）、浔阳郡（3县）、江夏郡（5县）、巴陵郡（5县）
岭南道	南海郡都督府	南海郡（11县）、始兴郡（6县）、海丰郡（6县）、潮阳郡（3县）、漳浦郡（2县）、义宁郡（2县）、高要郡（2县）、晋康郡（4县）、临封郡（2县）、开阳郡（5县）、云浮郡（2县）、新兴郡（3县）、恩平郡（3县）、南陵郡（2县）、高凉郡（3县）、南潘郡（3县）、海康郡（3县）、珠崖郡（4县）、琼山郡（5县）、万安郡（4县）、延德郡（5县）、昌化郡（5县）
	普宁郡都督府	普宁郡（7县）、感义郡（3县）、连城郡（3县）、怀德郡（4县）、陵水郡（3县）、温水郡（5县）、南昌郡（5县）、合浦郡（4县）、安乐郡（4县）、定川郡（3县）、宁仁郡（4县）、平琴郡（4县）、郁林郡（5县）、常林郡（3县）
	安南都护府	直辖地区（7县）、武曲郡（2县）、文阳郡（4县）、九真郡（7县）、日南郡（5县）、福禄郡（2县）、承化郡（5县）、武峨郡（5县）、汤泉郡（3县）、玉山郡（3县）、直辖羁縻地区（2郡32州）、羁縻獠子部落
	郎宁郡都督府	朗宁郡（7县）、安城郡（3县）、贺水郡（4县）、修德郡（3县）、怀泽郡（4县）、宁浦郡（3县）、永定郡（3县）、宁越郡（5县）、龙池郡（2县）、招义郡（5县）、临潭郡（4县）、扶南郡（7县）、横山郡（5县）、直辖羁縻地区（26州）

续表

道名	都督府、都护府、大藩属国名	府、郡、军、中藩属国、羁縻府、羁縻部名
	始安郡都督府	始安郡（10县）、平乐郡（3县）、临贺郡（6县）、苍梧郡（3县）、开江郡（3县）、蒙山郡（3县）、临江郡（6县）、浔江郡（3县）、象郡（3县）、龙城郡（5县）、忻城郡（7县）、龙水郡（4县）、正平郡（8县）、融水郡（2县）、乐兴郡（3县）、直辖羁縻地区（2郡11州）
黔中道	黔中郡都督府	黔中郡（6县）、宁夷郡（4县）、涪川郡（4县）、义泉郡（4县）、播川郡（3县）、夜郎郡（4县）、溱溪郡（2县）、南川郡（2县）、涪陵郡（4县）、清江郡（2县）、直辖羁縻地区（51州）
	直属地区	卢溪郡（5县）、潭阳郡（3县）、龙溪郡（2县）、卢阳郡（5县）、灵溪郡（2县）
山南东道	直属地区	襄阳郡（7县）、淮安郡（7县）、南阳郡（7县）、武当郡（3县）、房陵郡（4县）、巴东郡（3县）、云安郡（4县）、南浦郡（3县）、南宾郡（5县）
	江陵郡都督府	江陵郡（7县）、夷陵郡（4县）、澧阳郡（4县）、武陵郡（2县）、竟陵郡（3县）
山南西道	汉中郡都督府	汉中郡（6县）、洋川郡（5县）、始宁郡（4县）、符阳郡（3县）
	直属地区	通川郡（8县）、盛山郡（3县）、南平郡（4县）、巴川郡（6县）、潾山郡（4县）、咸安郡（7县）、清化郡（10县）、益昌郡（6县）、顺政郡（3县）、河池郡（4县）
剑南道	蜀郡都督府	蜀郡（10县）、阳安郡（3县）、仁寿郡（5县）、犍为郡（8县）、通义郡（5县）、临邛郡（7县）、唐安郡（4县）、濛阳郡（4县）、德阳郡（5县）、巴西郡（9县）
	直属地区	梓潼郡（8县）、江油郡（2县）、普安郡（8县）、阆中郡（9县）、南充郡（6县）、遂宁郡（5县）、安岳郡（6县）、资阳郡（8县）
	泸川郡都督府	泸川郡（6县）、和义郡（6县）、直辖羁縻地区（4郡6州）

续表

道名	都督府、都护府、大藩属国名	府、郡、军、中藩属国、羁縻府、羁縻部名
	南溪郡都督府	南溪郡（5县）、直辖羁縻地区（34州）、羁縻南宁州都督府（14州）
	越嶲郡都督府	越嶲郡（7县）、直辖羁縻地区（14州）
	汉源郡都督府	汉源郡（2县）、直辖羁縻地区（47州）
	卢山郡都督府	卢山郡（5县）、直辖羁縻地区（11州）
	通化郡都督府	通化郡（4县）、维川郡（2县）、天保郡（3县）、静戎郡（4县）、直辖羁縻地区（12州）
	交川郡都督府	交川郡（3县）、临翼郡（3县）、阴平郡（2县）、同昌郡（4县）、江源郡（3县）、归诚郡（2县）、蓬山郡（2县）、静川郡（2县）、恭化郡（3县）、昭德郡（3县）、直辖羁縻地区（3州）、羁縻轨州都督府（5州）
	保宁都护府	直辖地区（5城）、藩属哥邻国、藩属通租国、藩属东女国、藩属弱水国、藩属悉董国、藩属南水国、藩属清远国、藩属咄霸国、藩属白狗国
陇右道	西平郡都督府	西平郡（2县）、金城郡（2县）、狄道郡（2县）、安乡郡（3县）、宁塞郡（3县）、鄯城郡（2县）、浇河郡
	天水郡都督府	天水郡（5县）、同谷郡（3县）、陇西郡（4县）、直辖羁縻地区（1州）
	临洮郡都督府	临洮郡（2县）、和政郡（3县）、武都郡（3县）、怀道郡（2县）、合川郡（2县）、洮阳郡
河西道	武威郡都督府	武威郡（5县）、张掖郡（2县）、酒泉郡（2县）、羁縻瀚海州都督府（2州）、羁縻嘉兰州都督府（1州）、羁縻卢山州都督府（2州）、羁縻贺兰州都督府（1州）
	晋昌郡都督府	晋昌郡（2县）、敦煌郡（2县）
	交河郡都督府	交河郡（5县）、伊吾郡（2县）
	北庭都护府	直辖地区（3县）、伊吾军、清海军、羁縻金满州都督府（2州）、羁縻沙陀州都督府（1州）、羁縻火拔州都督府（1州）

续表

道名	都督府、都护府、大藩属国名	府、郡、军、中藩属国、羁縻府、羁縻部名
	安西都护府	龟兹镇守军、焉耆镇守军、于阗镇守军、疏勒镇守军、归仁军、藩属龟兹国兼羁縻龟兹州都督府（10 州）、藩属焉耆国兼羁縻焉耆州都督府（1 州）、羁縻渠黎州都督府（1 州）、藩属于阗国兼羁縻毗沙州都督府（11 州）、藩属疏勒国兼羁縻疏勒州都督府（16 州）、藩属识匿国兼羁縻妫塞州都督府（1 州）、藩属归仁国、藩属吐火罗国、海属挹怛国、藩属骨咄国、藩属俱密国、藩属护密国、藩属石汗那国、藩属罽宾国、藩属谢䫻国、藩属帆延国、藩属康国、藩属东曹国、藩属米国、藩属来威国、藩属西曹国、潜属安国、藩属石国、藩属宁远国
	藩属突骑施国	
	藩属葛逻禄国	

2. 五代十国行政区划

五代（公元907—979年）指的是占据中原地区的后梁、后唐、后晋、后汉、后周五个政权，十国指的是先后于四方出现的十个割据政权，分别为：前蜀、后蜀、吴、南唐、吴越、楚、南平、闽、南汉、北汉。五代十国是唐末割据局面的继续，此时期的行政区划和地方行政管理体制也是唐末割据状态的继续，同时也是结束割据，国家重新走向统一的过渡时期。五代十国的行政区划与地方行政管理体制和唐末基本相同，仍然实行三级制。其变化之处有以下三点：

（1）府的数量增多。因此时呈分裂状态，各割据政权并立，为适应各自需要，府的设置数量大为增加。

（2）军的设置。军在唐代为单纯的军事单位，属军事系统管辖，只管军队，不管民事。将领称"使"，且多设在边疆地区，本与政区无关。五代时期军的统一事权作用成为客观需要，逐渐不仅管兵马，同时也管土地民事，设于当地的行政区划和地方行政系统反而不显其作用，被军所替代。

（3）监的出现。监本是当时管理由国家经营的矿冶、铸钱、牧马、制盐等行业的机构，这种机构对国家的财政税收关系极大，因此机构所在地的行政区及地方政府无法对它进行管理。为便于财政收入顺利达于中央，采取划出一块区域由监直接管理的方法。监在这块区域内，既行使专业职权，又监管所在地的民政。监的长官称"知监事"。

表1-26   五代十国时期行政区划简况

朝代	政区
后梁	东都留守、宋州宣武军节度使、滑州宣义军节度使、郓州天平军节度使、兖州泰宁军节度使、青州平卢军节度使、徐州武宁军节度使、许州忠武军节度使（匡国军）、西都留守、陕州保义军节度使（镇国军）、孟州河阳节度使、大安府佑国军节度使（永平军）、同州匡国军节度使（忠武军）、华州感化军节度使、鄜州保大军节度使、延州保塞军节度使（忠义军）、灵州朔方军节度使、耀州顺义军（崇州静胜军）节度使、邠州静难军节度使、河中府护国军节度使、晋州定昌军（建宁军）节度使、潞州匡义军节度使、荆南节度使、山南东道（襄州）节度使、邓州宣化军节度使、安州宣威军节度使、魏州天雄军节度使、相州昭德军节度使、邢州保义军节度使、镇州武顺军节度使、定州义武军节度使、沧州昌义军节度使
后唐	汴州宣武军（东都留守）节度使、宋州归德军（宣武军）节度使、滑州义成军（宣义军）节度使、郓州天平军节度使、兖州泰宁军节度使、青州平卢军节度使、徐州武宁军节度使、许州忠武军（匡国军）节度使、东都（洛京）留守、陕州保义军（镇国军）节度使、孟州河阳节度使、西京留守、耀州顺义军（崇州静胜军）节度使、同州匡国军（忠武军）节度使、华州镇国军（感化军）节度使、邠州静难军节度使、鄜州保大军节度使、延州彰武军（忠义军）节度使、灵州朔方军节度使、山南东道（襄州）节度使、邓州威胜军（宣化军）节度使、安州安远军（宣威军）节度使、北京（西京、北都）留守、潞州安义军（昭义军）节度使、河中府护国军节度使、晋州建雄军节度使、云州大同军节度使、应州彰国军节度使、朔州振武军节度使、丰州天德军都团练防御使（节度使）、兴唐府（魏州）天雄军东京（邺都）留守、邢州安国军节度使、镇州成德军（北都留守）节度使、定州义武军节度使、沧州横海军节度使、幽州

续表

朝代	政区
后唐	卢龙军节度使、新州威塞军节度使、凤翔节度使、泾州彰义军节度使、剑南西川节度使、剑南东川节度使、遂州武信军节度使、夔州宁江军节度使、山南西道节度使、利州昭武军节度使、阆州保宁军节度使、洋州武定军节度使、凤州武兴军节度使、秦州雄武军节度使、黔州武泰军节度使、潭州武安军节度使、朗州武贞军（武平军）节度使、桂州静江军节度使
后晋	汴州宣武军（东京留守）节度使、宋州归德军节度使、滑州义成军节度使、郓州天平军（曹州威信军）节度使、兖州泰宁军节度使、青州平卢军节度使、徐州武宁军节度使、许州忠武军（陈州镇安军）节度使、东都（西京）留守、陕州保义军节度使、孟州河阳军节度使、西京留守（京兆府晋昌军）、金州怀德军节度使、同州匡国军节度使、华州镇国军节度使、邠州静难军节度使、鄜州保大军节度使、延州彰武军节度使、灵州朔方节度使、山南东道（襄州）节度使、邓州威胜军节度使、安州安远军节度使、北京留守、潞州昭义军节度使、河中府护国军节度使、晋州建雄军节度使、云州大同军节度使、应州彰国军节度使、朔州振武军节度使、兴唐府（广晋府）天雄军节度使（邺都留守）、贝州永清军节度使、相州彰德军节度使、澶州镇宁军节度使、邢州安国军节度使、镇州成德军（恒州顺国军）节度使、定州义武军节度使、沧州横海军节度使、幽州卢龙军节度使、新州威塞军节度使、凤翔、泾州彰义军节度使、秦州雄武军节度使
后汉	东京留守、宋州归德军节度使、滑州义成军节度使、郓州天平军节度使、兖州泰宁军节度使、青州平卢军节度使、徐州武宁军节度使、许州忠武军节度使、西京留守、陕州保义军节度使、孟州河阳节度使、京兆府永兴军（晋昌军）节度使、同州匡国军节度使、华州镇国军节度使、邠州静难军节度使、鄜州保大军节度使、延州彰武军节度使、灵州朔方节度使、山南东道（襄州）节度使、邓州威胜军节度使、安州安远军节度使、北京留守、府州永安军节度使、潞州昭义军节度使、河中府护国军节度使、晋州建雄军节度使、大名府（广晋府）天雄军节度使、贝州永清军节度使、相州彰德军节度使、澶州镇宁军节度使、邢州安国军节度使、镇州成德军节度使、定州义武军节度使、沧州横海军节度使、凤翔节度使、泾州彰义军节度使

续表

朝代	政区
后周	东京留守、宋州归德军节度使、滑州义成军节度使、郓州天平军节度使、曹州彰信军节度使、兖州泰宁军节度使、青州平卢军节度使、徐州武宁军节度使、许州忠武军节度使、陈州镇安军节度使、西京留守、陕州保义军节度使、孟州河阳节度使、京兆府永兴军节度使、同州匡国军节度使、华州镇国军节度使、邠州静难军节度使、鄜州保大军节度使、延州彰武军节度使、灵州朔方军节度使、山南东道（襄州）节度使、邓州武胜军（威胜军）节度使、安州安远军节度使、府州永安军节度使、潞州昭义军节度使、河中府护国军节度使、晋州建雄军节度使、代州静塞军节度使、汾州宁化军节度使、大名府天雄军节度使（邺都留守）、贝州永清军节度使、相州彰德军节度使、澶州镇宁军节度使、邢州安国军节度使、镇州成德军节度使、定州义武军节度使、沧州横海军节度使凤翔、泾州彰义军、秦州雄武军诸节度使、扬州淮南、寿州忠正军节度使、庐州保信军节度使
前蜀	直隶地区、梓州武德军（剑南东川、梓州天贞军）节度使、遂州武信军节度使、雅州永平军节度使、金州雄武军节度使（巴渠开都团练观察使）、夔州（暨忠州）镇江军节度使、黔州（暨州）武泰军节度使、山南（兴元府天义军）节度使、利州昭武军（利闻、利州都团练观察使）节度使、洋州武定军节度使、秦州天雄军节度使、凤州武兴军节度使
后蜀	直隶地区、梓州武德军（剑南东川）节度使、遂州武信军节度使、雅州永平军节度使、夔州宁江军节度使、黔州武泰军节度使、山南节度使、利州昭武军、闻州保宁军节度使、源州武定军节度使、凤州（凤州威武军）节度使、秦州雄武军节度使、凤翔（岐阳军）节度使、果州永宁军节度使
南平	荆南节度使
楚国	潭州（长沙府）武安军节度使、朗州永顺军（武贞军、武顺军、武平军）节度使、楚王（国）羁縻州、桂州静江军节度使、容州宁远军节度使
吴国	直隶地区（扬州淮南节度使）、泗州静淮军节度使、寿州（濠州）清淮军节度使、庐州德胜军节度使（庐州都团练观察使）、金陵府（昇州、江宁府）（暨润州）镇海军节度使、宣州宁国军节度使（宣州都团练观察使）、鄂州武昌军节度使（鄂岳都团练观察使）、洪州镇南军节度使、抚州昭武军节度使、江州奉化军节度使、虔州百胜军节度使

续表

朝代	政区
南唐	直隶地区一、寿州清淮军节度使、濠州观察使（濠州定远军节度使）、庐州德胜军节度使、舒州永泰军节度使、直隶地区二、润州镇海军节度使、宣州宁国军节度使、池州康化军节度使、鄂州武昌军节度使、洪州镇南军节度使（直隶地区三）、抚州昭武军节度使、江州奉化军节度使、饶州安化军（永平军）节度使、虔州百胜军节度使、潭州武安军节度使、建州永安军（忠义军）节度使、福州威武军节度使、朗州武平军节度使
吴越	杭州镇海军节度使、苏州中吴军节度使、湖州宣德军节度使、越州镇东军节度使、温州静海军节度使、婺州武胜军节度使、福州彰武军（威武军）节度使
闽国	直隶地区（福州威武军节度使）、建州镇武军（镇安军）节度使
南汉	直隶地区（广州清海军节度使暨琼州管内招讨游奕使）、祯州节度使、韶州雄武军节度使、齐昌府兴宁军节度使、容州宁远军节度使、韶州建武军节度使、桂州静江军节度使
北汉	直隶地区、雁门节度使、汾州节度使

3. 辽代行政区划

辽代（公元916—1125年），是以契丹族为主的政权，辽代的地方行政制度沿袭唐制，实行道—州—县三级政区制。辽代将全国分为5个道，每个道有一个政治中心，称为京，并以京的名称为道来命名。五京道如表2-27所示。辽代道下设府、州、军、城四种政区，为同一级别。府分为两类，一类即京府，如临潢府、大定府、辽阳府、大同府等；另一类为普通府，即在五个京府之外，又设率宾、定理、铁利、安定、长岭、镇海、兴中（公元1041年升霸州置，今辽宁朝阳）七府，这七个府的地位比京府低。辽朝的州分等，节度州最高，观察州次之，防御州再次，刺史州殿后。另外，辽代还设有与县同级的州、军、城，这样的体制前代罕见。

辽的地方行政组织，还有一种"头下军州"。它是由辽的宗室、外戚、大臣和所属部族首领中立有战功的人所分得的或所俘获的人口设置的。头下军州的官吏除节度使外，都由各州贵族委派。头下军州内依附者的户口一面依附本主，一面依附辽政府，这种政区辽代一共设置30

余个。

为了统治当地汉族,辽太宗采取"因俗而治"的统治方式,实行分治汉人和契丹人、南北两面官的两院制度。辽设南面官和北面官双轨官制,以"本族之制治契丹,以汉制待汉人"。北面官治宫帐、部族、属国之政,南面官治汉人州县、租赋、军马之事,因俗而治。大部分官名及职掌沿袭唐制,并参照五代和宋朝的官制。

表 1-27　　　　　　　　辽代五京道辖区表

道名	治所	辖区
上京道	临潢府（内蒙古巴林左旗）	1府30州4城（蒙古全境、东三省西部、内蒙北部、西伯利亚南部）
东京道	辽阳府（辽宁辽阳）	7府57州2城（东三省东部、外兴安岭以南、乌苏里江以北、朝鲜东北）
中京道	大定府（辽宁宁城西南）	2府6州（辽宁西南部、河北北部）
南京道	析京府（北京西南）	1府1州（北京东南部）
西京道	大同府（山西大同）	1府9州2军（山西北部、内蒙古南部、河北西北）

4. 北宋时期行政区划

北宋（公元960—1127年）的政区设置与地方行政管理体制特点为中央集权高度发展,政区设置和地方行政管理形式与之相配合;此外,统治者鉴于唐末五代割据局面的教训,在政区和行政管理体制上采取了特殊的防范措施。

与唐朝大部分时期一样,北宋采用二实一虚的政区体制,即州（府）—县二级为实,道一级为虚。北宋建国之初,仍在很短时间内实行过道—州（府）—县三级制。不久后为防止地方专权割据的局面再次发生,遂收回节度使的权力,撤销道一级政区,由中央直接辖州（府）级政区。北宋的州分为辅、雄、望、紧、上、中、中下、下8个等级,此外,还有所谓节度使州、防御史州、团练使州、刺史州等名目,这些只为武将升转而设,与州的实际等第并无多大的关系。北宋的府分两大类:一类是京府,即首都或陪都所在之地;二类是次府,主要是皇帝即位前的居住地，以及政治、军事、交通要地等。北宋有 4 个京府，即东京开封府（首都，今河南开封）、西京河南府（今河南洛阳）、北京大名府（今河北大名县）、南京应天府（今河南商丘），次府共设 30 个。北宋在州（府）级政区中也设有军和监，其性质和形式与五代同。但宋代的军和监有领县和不领县的两种，领县的与州（府）同级，不领县的与县同级。北宋的县分为两大类，为京县畿县和普通县。京畿两种县就是首都或陪都所在及附近的县，政治地位比普通县要高；普通的县又分为望、紧、上、中、下五等。4000 户以上的为望县，3000 户以上为紧县，2000 户以上为上县，1000 户以上为中县，不满于 1000 户为下县。

  北宋新创造的政区是路。是为吸取唐末五代军阀割据的教训，革除了各藩镇的权力，节度使成为一个空衔，不再管辖州的事务，诸州直属中央。诸多的政区中央不便直接管理，但又十分不愿意在州（府）之上再加一级政区，怕地方权限与中央抗衡，重蹈唐朝的覆辙。于是设计了一种新的政区制度——路。北宋行政区的路主要指的是转运使路，北宋将全国划分为若干个区域，每个区域置转运使负责征收和转运各地财赋到中央，这种区域称路。以后转运使权力逐渐扩大，监管边防、治安、刑狱、监察、财政各种事务，俨然成为州（府）之上的高级行政区。宋时各路名称和区划经常变动，宋太宗至道三年（公元 997 年）始分为 15 路，宋仁宗天圣年间（公元 1023—1032 年）分为 18 路，宋神宗元丰年间（公元 1078—1085 年）增为 23 路，到宋徽宗宣和四年（公元 1122 年）为 26 路，如表 1-28 所示。

表 1-28   宋徽宗宣和五年（公元 1123 年）北宋行政区划表

路名	州（府）	县（军）
京畿路	东京，开封府	开封、祥符、尉氏、陈留、雍丘、封丘、中牟、阳武、延津、长垣、扶沟、鄢陵、考城、东明、咸平
京东路（京东东路）	青州	益都、临淄、寿光、临朐、博兴、千乘
	密州	诸城、安丘、高密、莒县、胶西、临海军
	济南府	历城、禹城、长青、临邑、章丘、清平军

第一章 空间秩序:公元1840年以前 | 63

续表

路名	州(府)	县(军)
	沂州	临沂、承县、沂水、费县、新泰
	登州	黄县、牟平、文登、蓬莱
	莱州	掖县、莱阳、即墨、胶水
	潍州	北海、昌邑、昌乐
	淄州	淄川、长山、邹平、高苑、宣化军
	淮阳军	下邳、宿迁
京东路 (京东西路)	南京, 应天府	宋城、谷熟、下邑、虞城、楚丘、柘城
	袭庆府	瑕县、奉符、泗水、龚县、仙源、莱芜、邹县、莱芜监
	徐州	彭城、沛县、萧县、滕县、丰县、利国监
	兴仁府	济阴、宛亭、乘氏、南华
	东平府	须城、阳谷、中都、寿张、东阿、平阴县、东平监
	济州	巨野、郓城、金乡、任城
	单州	单父、砀山、成武、鱼台
	濮州	鄄城、雷泽、临濮、范县
	拱州	襄邑、太康、宁陵
	广济军	定陶
京西路 (京西南路)	襄阳府	襄阳、邓城、谷城、宜城、中卢、南漳
	邓州	穰县、南阳、内乡、淅川、顺阳
	随州	随县、唐城、枣阳
	金州	西城、洵阳、汉阴、石泉、平利
	房州	房陵、竹山
	均州	武当、郧乡
	郢州	长寿、京山
	唐州	泌阳、湖阳、比阳、桐柏、方城
	光化军	光化
京西路 (京西北路)	西京, 河南府	河南、洛阳、偃师、巩县、密县、新安、伊阳、渑池、永宁、长水、寿安、河清、登封、永安、颍阳、福昌、阜财监
	颍昌府	长社、郾城、阳翟、长葛、舞阳、临颍、郏县
	郑州	管城、新郑、荥阳、荥泽、原武
	滑州	白马、韦城、胙城

续表

路名	州（府）	县（军）
	河阳府	河阳、温县、济源、氾水、河阴、王屋
	蔡州	汝阳、上蔡、新蔡、褒信、遂平、新息、确山、真阳、西平、平舆
	淮宁府	宛丘、项城、商水、西华、南顿
	顺昌府	汝阴、沈丘、颍上、泰和
	汝州	梁县、襄城、叶县、鲁山、宝丰
	信阳军	信阳、罗山
河北路（河北东路）	北京，大名府	元城、莘县、大名、内黄、成安、魏县、馆陶、临清、夏津、清平、冠氏、宗城
	开德府	濮阳、观城、临河、清丰、卫南、朝城、南乐县、德清军
	沧州	清池、无棣、盐山、乐陵、南皮、保顺军
	冀州	信都、蓨县、南宫、枣强、武邑、衡水
	河间府	河间、乐寿、束城
	博州	聊城、堂邑、高唐、博平
	棣州	厌次、商河、阳信
	莫州	任丘
	雄州	归信、容城
	霸州	文安、大城
	德州	安德、平原、德平
	滨州	渤海、招安
	恩州	清河、武城、历亭
	永静军	东光、阜城、将陵
	清州	乾宁县、钓台、独流北、独流东、当城、沙涡、百万寨
	信安军	周河、刀鱼、田家、狼城、佛圣涡、李详、鹿角
	保定军	桃花、父母
河北路（河北西路）	镇州，真定府	真定、藁城、获鹿、井陉、平山、行唐、元氏、栾城、灵寿县、天威军、北寨
	相州	安阳、汤阴、临漳、林虑
	中山府	安喜、无极、曲阳、唐县、望都、新乐、北平县、北平军、军城寨
	信德府	邢台、沙河、南和、巨鹿、内丘、平乡、尧山、任县
	浚州	黎阳、卫县
	怀州	河内、武陟、修武

续表

路名	州（府）	县（军）
	卫州	汲县、获嘉、新乡、共城、黎阳监
	洺州	永年、平恩、鸡泽、肥乡、曲周
	深州	静安、饶阳、安平、武强、束鹿
	磁州	滏阳、武安、邯郸
	祁州	蒲阴、鼓城、深泽
	庆源府	平棘、宁晋、高邑、临城、柏乡、赞皇、隆平
	保州	保塞
	安肃军	安肃
	永宁军	博野
	广信军	遂城
	顺安军	高阳
河东路	并州，太原府	阳曲、交城、文水、祁县、榆次、太谷、清源、寿阳、盂县、平晋、大通、永利监
	隆德府	上党、长子、潞城、屯留、壶关、襄垣、涉县、黎城
	平阳府	临汾、洪洞、襄陵、神山、霍邑、和川、汾西、冀氏、岳阳、炼矾、矾山务
	庆祚军	赵城
	绛州	正平、曲沃、太平、翼城、稷山、绛县、垣曲
	泽州	晋城、高平、阳城、端氏、陵川、沁水、雄定关
	代州	雁门、五台、崞县、繁畤
	忻州	秀容、定襄
	汾州	西河、平遥、介休、灵石、孝义
	辽州	辽山、和顺、榆社、平城
	宪州	静乐
	岚州	宜芳、楼烦、合河
	石州	离石、平夷、方山
	隰州	隰川、蒲县、温泉、永和、石楼、大宁
	慈州	吉乡
	麟州	新秦
	府州	府谷、宁川、宁疆堡、宁边寨、震威城
	丰州	永安、保宁

续表

路名	州（府）	县（军）
	威胜军	铜鞮、武乡、沁源、绵上
	平定军	平定、乐平
	岢岚军	岚谷
	宁化军	
	火山军	下镇
	保德军	大堡、沙谷
	晋宁军	临泉、定胡县、神泉、乌龙、通秦、宁河、弥川寨、三交、靖川等
陕西路（永兴军路）	雍州，京兆府	长安、万年、鄠县、蓝田、咸阳、泾阳、栎阳、高陵、兴平、临潼、乾祐、终南、清平军、铜钱、铁钱监
	蒲州，河中府	河东、虞乡、临晋、猗氏、龙门、万泉、荣河县、庆成军
	解州	解县、安邑、闻喜
	陕州	陕县、芮城、平陆、灵宝、夏县、阌乡、湖城、铜钱监、铁钱、铜钱监
	商州	上洛、上津、丰阳、商洛、洛南
	虢州	虢、卢氏、朱阳、栾川
	同州	冯翊、郃阳、澄城、白水、韩城、朝邑、沙苑监
	华州	郑县、下邽、华阴、渭南、蒲城、铜钱、铁钱监
	耀州	华原、富平、三原、云阳、同官、美原
	延安府	肤施、延长、门山、临真、敷政、甘泉、延川县、平羌、平戎、珍羌、威羌、石堡、新寨、威戎、御谋、制戎、银川城、芦移、屈丁、万安、丹头、青石崖、窟啰堡
	鄜州	洛交、洛川、直罗、鄜城县、康定军
	丹州	宜川
	坊州	中部、宜君
	保安军	德靖、顺宁寨、园林堡、金汤城、威德军
	绥德军	暖泉、米脂、义合、怀宁、克戎、临夏、绥平、白草、顺安、嗣武、龙泉、镇边、清边、龙安寨、开光、海末、窟儿、大厥、花佛岭、临川、定远、马栏、中山、黑水、安定、佛堂、唐推、双林、安塞、浮图、柏林堡、青涧、银川城、永宁关

续表

路名	州（府）	县（军）
陕西路 （秦凤路）	庆阳府	安化、合水、彭原县、安疆、横山、宁羌、府城、威边寨、通塞、麦川、威宁、矜戎、金村、胜羌、定戎、怀威堡、镇安城
	环州	通远、兴平、安边城、清平关、罗沟、阿原、朱台、流井、归德、木瓜、麝香、通归、惠丁堡、安边、大拔、方渠寨
	邠州	新平、三水、宜禄、淳化、定平
	宁州	定安、真宁、襄乐
	醴州	奉天、永寿、武功、醴泉、好畤
	定边军	定边、白豹城、东谷、绥远寨、神堂、观化、通化、九阳、鸡觜堡
	秦州	成纪、陇城、清水、天水、太平监、甘谷、伏羌、堡川城、定西、弓门、静戎、陇城、鸡川、三阳、安远、定边、绥远、小落门、保安、弓钟寨、床穰、冶方、达隆、甘泉、董哥平堡
	凤翔府	天兴、扶风、郿县、岐山、宝鸡、麟游、普润、虢县、盩厔、司竹监
	陇州	汧源、汧阳、吴山、陇安
	成州	同谷、栗亭
	凤州	梁泉、两当、河池
	阶州	福津、将利
	渭州	平凉、潘原、安化、崇信、华亭、靖夏城、甘泉堡
	泾州	保定、灵台、良原、长武
	原州	临泾、彭阳、新城、柳泉镇、西壕、开边、平安、绥宁、靖安寨、安羌、新城堡
	德顺军	陇干、水洛城、静边、得胜、隆德、通边、治平、怀远寨、中安、威戎堡
	镇戎军	东山、乾兴、天圣、三川、高平、定川、熙宁、镇羌、威川、飞泉寨、开远、张义、高平堡、彭阳城
	会州	敷文、安西、会川、德威城、会宁关、平西、新泉寨、怀戎堡
	怀德军	荡羌、通峡、灵平、九羊、通远、胜羌寨、镇羌、石门堡、萧关
	西安州	通会、宁韦、定戎、劈通川、没宁、北岭上、山前、高峰、那罗牟、寺子岕、石棚泉、绥戎堡、天都、临羌、宁安、通安寨
	熙州	狄道县、康乐寨、通谷、庆平、渭源、结河、南川、当川、南关、北关、临洮、广平堡、安羌城

续表

路名	州（府）	县（军）
	河州	宁河、定羌、循化、怀羌、来羌、讲朱、彤撒、东迎城、南川、宁河寨、东谷、阎精、西原、北河、来同、通津、临滩堡、通会、安乡关
	巩州	陇西、永宁、宁远、定西、通渭、熟羊、盐川、通西寨、三岔堡
	岷州	祐川、大潭、长道、临江、荔川、麋川、间川、宕昌寨、遮羊、谷藏、铁城堡、滔山监
	兰州	兰泉、龛谷寨、东关、阿干堡、定远城、金城、京玉关
	洮州	通眠
	廓州	肤公、米川城、绥平、同波堡、宁塞寨
	乐州	通湟、宁洮、安陇、安疆、德固、临宗寨、安川、宁川、通川、南宗、峡口堡、绥远关、来宾、大通城
	西宁州	龙支、宁西、宣威城、清平、保塞、绥边、怀和、制羌寨
	震武军	通济桥、善治、大同、石门堡、德通城
	积石军	怀和寨、顺通、临松堡
两浙路	杭州	钱塘、仁和、於潜、余杭、富阳、盐官、昌化、新城、临安
	越州	山阴、会稽、嵊县、诸暨、余姚、上虞、萧山、新昌
	平江府	吴县、长洲、昆山、常熟、吴江
	镇江府	丹徒、丹阳、金坛
	湖州	乌程、归安、安吉、长兴、德清、武康
	婺州	金华、东阳、义乌、兰溪、永康、武义、浦江
	明州	鄞县、奉化、慈溪、象山、定海、昌国
	常州	晋陵、武进、无锡、宜兴、江阴、江阴军
	温州	永嘉、瑞安、乐清、平阳
	台州	临海、黄岩、天台、仙居、宁海
	处州	丽水、松阳、缙昌、遂昌、青田、剑川
	衢州	西安、江山、盈川、常山、开化
	严州	建德、寿昌、遂安、分水、淳化、桐庐
	秀州	嘉兴、海盐、华亭、崇德
淮南路（淮南东路）	扬州	江都、天长
	亳州	谯县、城父、蒙城、鄡县、鹿邑、永城、卫真

续表

路名	州（府）	县（军）
	宿州	符离、虹县、蕲县、临涣、灵璧
	楚州	山阳、淮阴、宝应、盐城、涟水、吴城县、涟水军
	海州	朐山、怀仁、沭阳、东海
	泰州	海陵、兴化、泰兴、如皋
	泗州	盱眙、临淮、招信
	滁州	清流、全椒、来安
	真州	扬子、六合
	通州	静海、海门
	高邮军	高邮
淮南路（淮南西路）	寿春府	下蔡、寿春、安丰、霍丘
	庐州	合肥、慎县、舒城
	蕲州	蕲春、黄梅、广济、蕲水、罗田
	和州	历阳、乌江、含山
	舒州	怀宁、桐城、望江、宿松、太湖、同安监
	濠州	钟离、定远
	光州	定城、光山、仙居、固始
	黄州	黄冈、麻城、黄陂
	无为军	无为、巢县、庐江
	六安军	六安
江南东路	江宁府	江宁、上元、溧水、溧阳、句容
	宣州	宣城、泾县、南陵、宁国、旌德、太平
	徽州	歙县、休宁、绩溪、黟县、祁门、婺源
	江州	德化、彭泽、德安、瑞昌、湖口、广宁监
	池州	贵池、建德、石埭、青阳、铜陵、东流、永丰监
	饶州	鄱阳、余干、浮梁、乐平、德兴、安仁、永平监
	信州	上饶、弋阳、玉山、贵溪、铅山、永丰
	太平州	当涂、芜湖、繁昌
	南康军	星子、建昌、都昌
	广德军	广德、建平
江南西路	洪州	南昌、新建、丰城、分宁、靖安、奉新、武宁、进贤

续表

路名	州（府）	县（军）
	虔州	赣县、安远、雩都、虔化、信丰、瑞金、石城、兴国、会昌、虔南
	吉州	庐陵、吉水、太和、安福、永新、泉江、永丰、万安
	袁州	宜春、萍乡、分宜、建城
	抚州	临川、崇仁、宜黄、金溪
	筠州	高安、上高、新昌
	兴国军	永兴、大冶、通山
	南安军	大庾、南康、上犹
	临江军	清江、新淦、新喻
	建昌军	南城、南丰
荆湖北路	江陵府	江陵、公安、松滋、石首、监利、潜江、枝江
	鄂州	江夏、武昌、蒲圻、嘉鱼、崇阳、咸宁、通城县、宝泉监
	德安府	安陆、孝感、云梦、应城、应山
	复州	景陵、玉沙
	鼎州	武陵、辰阳、桃源
	澧州	澧阳、安乡、石门、慈利
	峡州	夷陵、宜都、长阳、远安
	岳州	巴陵、华容、平江、沅江、临湘
	归州	秭归、巴东、兴山
	辰州	沅陵、卢溪、叙浦、辰溪、会溪城、池蓬、镇溪、黔安寨
	沅州	卢阳、麻阳、黔阳、安江、竹滩、洪江、若溪、便溪寨
	靖州	永平、会同、通道、狼江、贯保、若水、丰山寨、石家、浐村、多星、大由、天村堡
	荆门军	长林、当阳
	汉阳军	汉阳、汉川
荆湖南路	潭州	长沙、善化、湘潭、益阳、湘乡、醴陵、浏阳、攸县、宁乡、衡山、湘阴、安化
	衡州	衡阳、茶陵、耒阳、常宁、安仁
	道州	营道、江华、宁远、永明
	永州	零陵、祁阳、东安
	郴州	郴县、永兴、桂阳、宜章
	邵州	邵阳、新化

续表

路名	州（府）	县（军）
	全州	清湘、灌阳
	桂阳监	平阳、蓝山
	武冈军	武冈、绥宁、临冈
福建路	福州	闽县、侯官、福清、连江、永福、长溪、长乐、古田、罗源、闽清、宁德、怀安
	建州	建安、浦城、建阳、松溪、崇安、政和、宁县、丰国监
	泉州	晋江、南安、同安、永春、清溪、德化、惠安
	南剑州	剑浦、顺昌、沙县、尤溪、将乐
	漳州	龙溪、漳浦、龙岩、长泰
	汀州	长汀、宁化、上杭、武平、清流
	邵武军	邵武、光泽、泰宁、建宁
	兴化军	莆田、仙游、兴化
成都府路	成都府	成都、华阳、郫县、新都、温江、新繁、双流、广都、灵泉
	眉州	眉山、彭山、丹棱、青神
	蜀州	晋原、江源、新津、永康
	彭州	九陇、崇宁、濛阳
	绵州	巴西、彰明、魏城、罗江、盐泉
	汉州	雒县、什加、绵竹、德阳
	嘉州	嘉祥、夹江、犍为、峨眉、洪雅、丰远监
	邛州	临邛、大邑、火井、蒲江、依政、安仁县、惠民监
	简州	阳安、平泉
	黎州	汉源
	雅州	严道、卢山、名山、荣经、百丈、茶场
	茂州	汶山、汶川、春琪城、敷文堡、镇羌寨、鸡宗关
	威州	保宁、通化、嘉会寨、通化军
	仙井监	仁寿、井研、大安镇、盐井
	永康军	导江、青城
	石泉军	石泉、神泉、安昌、会同、靖安、嘉平、通津、横望、平陇、凌霄、耸翠、连云堡
利州路	兴元府	南郑、城固、襃城、西县、茶场
	利州	绵谷、葭萌、昭化、嘉川

续表

路名	州（府）	县（军）
	洋州	兴道、西乡、真符
	阆州	阆中、新井、新政、苍溪、西水、奉国、南部
	剑州	普安、武连、阴平、梓潼、普成、剑门
	巴州	化城、恩阳、曾口、难江、通江
	文州	曲水
	兴州	顺政、长举、济众监
	蓬州	蓬池、仪陇、伏虞、营山
		三泉
	剑门关	
潼川府路	潼川府	郪县、中江、涪城、射洪、通泉、盐亭、铜山、飞乌、东关、安泰尉司
	遂宁府	小溪、长江、蓬溪、青石、遂宁
	果州	南充、西充、相如
	资州	盘石、资阳、内江、资川
	普州	安岳、安居、乐至
	昌州	大足、昌元、永川
	叙州	宜宾、南溪、宣化、庆符
	泸州	泸川、合江、江安、南井监、乐共、九支、武都、安远、博望、绥远、板桥、政和
	长宁军	武宁、宁远、梅洞、清平、安夷、石笋堡
	合州	石照、汉初、赤水、铜梁、巴川
	荣州	荣德、威远、应灵、资官
	渠州	流江、邻山、邻水
	怀安军	金水、金堂
	广安军	渠江、新明、岳池
		富顺监
夔州路	夔州	奉节、巫山
	黔州	彭水、黔江、务川城、水安夷堡
	施州	清江、建始、广积监
	忠州	临江、垫江、南宾、南宾尉司
	万州	南浦、武宁

第一章 空间秩序：公元1840年以前 | 73

续表

路名	州（府）	县（军）
	开州	开江、清水
	达州	通川、永穆、新宁、巴渠、东乡、明通院
	涪州	涪陵、枳县、乐温
	恭州	巴县、江津、壁山
	云安军	云安、云安监
	梁山军	梁山
	南平军	南川、隆化、溱溪寨、播川城
	大宁监	大昌
	珍州	乐源、绥阳、遵义寨
广南东路	广州	南海、番禺、增城、怀集、清远、东莞、新会、信安
	韶州	曲江、乐昌、翁源、仁化、建福、永通监
	循州	雷乡、兴宁、长乐
	潮州	海阳、潮阳、揭阳
	连州	桂阳、阳山、连山
	梅州	程乡
	南雄州	保昌、始兴
	英州	真阳、浛光
	封州	封川、开建
	肇庆府	高要、四会
	新州	新兴
	康州	端溪、泷水
	南恩州	阳江、阳春
	惠州	归善、博罗、海丰、河源
广南西路	桂州	临桂、灵川、兴安、阳朔、永福、修仁、理定、荔浦、义宁、古县、永宁
	容州	普宁、北流、陆川
	邕州	宣化、武缘、太平寨、慎乃场
	融州	融水
	象州	阳寿、来宾、武仙、武化
	贺州	临贺、富川、桂岭
	昭州	平乐、恭城、昭平、立山

续表

路名	州（府）	县（军）
	梧州	苍梧
	藤州	镡津、岑溪
	龚州	平南
	浔州	桂平
	柳州	马平、柳城、洛容
	贵州	郁林
	宜州	宜山、天河、忻城、思恩、富仁、富安监
	宾州	岭方、上林、迁江
	横州	宁浦、永定
	化州	罗川、吴川
	高州	电白、茂名、信宜
	雷州	海康
	钦州	灵山、安远
	白州	博白
	郁林州	南流、兴业
	廉州	合浦、石康
	琼州	琼山、临高、乐会、澄迈、文昌
	昌化军	宜伦、昌化、感恩
	万安军	万宁、陵水
	吉阳军	宁远
	平州	怀远、融江、百万寨、文村、浔江、临溪堡
	观州	靖南、绥南
燕山府路	燕山府	析津、宛平、广宁、昌平、良乡、潞县、武清、安次、永清、玉河、清化、漷阴
	涿州	范阳、归义、固安、威城
	檀州	密云、行唐
	易州	易水、涞水、容城
	顺州	怀柔
	蓟州	平卢、三河
	经州	玉田
	景州	遵化

续表

路名	州（府）	县（军）
云中府路	平州	卢城、临关
	营州	镇山
	武州	神武
	应州	金城、浑源、河阴
	朔州	鄯阳、宁远、马邑
	蔚州	灵仙、定安、飞狐、灵丘、广陵

5. 南宋行政区划

南宋（公元1127—1279年），疆域相对于北宋全面缩小，由于受到金、西夏等的军事压力，政区划分从北宋的以转运使路为主改为以安抚使路为主，且路的数量有所减少。宋高宗绍兴十二年（公元1142年），全国划分的16路为：两浙东路（治绍兴）、两浙西路（治临安府）、江南东路（治建康府）、江南西路（治洪州）、淮南西路（治庐州）、淮南东路（治扬州）、荆湖北路（治江陵府）、荆湖南路（治潭州）、京西南路（治襄阳府）、福建路（治福州）、成都府路（治成都府）、潼川府路（治潼川府）、利州路（治兴元府）、夔州路（治夔州）、广南东路（治广州）、广南西路（治静江府）（如表1-29所示）。

表1-29 宋高宗绍兴十二年（公元1142年）南宋各路治所一览表

	转运司治所	提点刑狱司治所	提举常平司治所	安抚司治所
两浙路	临安府	平江府（西路）、绍兴府（东路）	平江府（西路）、绍兴府（东路）	
淮南东路	真州	扬州	泰州	扬州
淮南西路	舒州	舒州	无为军	庐州
江南东路	建康府	饶州	池州	建康府
江南西路	洪州	不详	抚州	洪州
荆湖北路	鄂州	鼎州	鼎州	江陵府
荆湖南路	潭州	衡州	衡州	潭州

续表

	转运司治所	提点刑狱司治所	提举常平司治所	安抚司治所
京西南路	襄阳府	襄阳府	襄阳府	襄阳府
福建路	建州	福州	建州	福州
成都府路	成都府	嘉州	嘉州	成都府
利州路	利州	兴元府	兴元府	兴元府（东路）、兴州（西路）
潼川府路	遂宁府	潼川府	潼川府	泸州
夔州路	夔州	恭州	恭州	夔州
广南东路	广州	韶州	广州	广州
广南西路	静江府	静江府	静江府	静江府

　　各路分辖府、州、军、监，各府、州、军、监又分辖县，与北宋无多大差异。据《中国行政区划通史·宋西夏卷统计》南宋共有府 27 个、州 132 个、军 34 个、监 2 个。在地方行政管理体制也如北宋，只是路一级的主要机构由转运使司变成了安抚使司，路级的主要长官也由转运使改为安抚使，总之这样的行政体制主要是为了抗御北方军事压力。

　　6. 西夏行政区划

　　西夏（公元 1038—1227 年）是党项族建立的国家。与辽金相似，西夏的行政区划和地方行政管理体制既吸取唐、宋的某些形式，又保持了本民族的特点，其政区体系和地方行政管理体制比较复杂。首先，西夏设有州—县二级政区，这是西夏政区的主体。据研究认定，西夏约设置 36 个州，西夏的县与唐宋的县基本相似。西夏的州规模一般不大，人口稀少。另外，西夏还有郡和府的政区模式，郡兼理军事和民政，一般置于边防要地，颇有模仿先秦时期郡的倾向。西夏的府应与州同级，但地位较高，如设置的兴庆府、西平府，分别为西夏的东京和西京。西夏还将全境分为 12 个军区，设 12 个监军司，名称和驻地如表 2-30。西夏的地方行政管理体制与政区相对应。州设刺史，县设县令。府的主要长官称尹，郡的长官则多由皇帝宗亲出任镇守。州、县、郡均依事务繁简及地理位置的重要程度分为上、次、中、下、末五个等级。西夏的监军司设都统军、副统军和监军使为长官，一般由贵戚出任。监军司的长官实际上是一个地区的军政最高首脑，其下分设指挥使、教练使、左右侍禁官等分管各方面的事务（具体结果见表1-30）。

表1-30　　　　　　　　西夏12监军司辖区表

	名称	驻地
左厢	神勇军司	夏州弥陀洞
	祥佑军司	石州
	嘉宁军司	宥州
	静塞军司	韦州
	西寿保泰军司	狼柔山北
	卓罗和南军司	兰州
右厢	朝顺军司	兴庆府贺兰山区
	甘州甘肃军司	甘州
	瓜州西平军司	瓜州
	黑水镇燕军司	肃州
	白马强镇军司	盐州
	黑水威福军司	乌加河北

7. 金朝行政区划

金朝（公元1115—1234年）是女真人建立的国家。与辽相似，金朝的行政区划和地方行政管理体制既吸取唐、宋的某些形式，又保持了本民族的特点。

金朝的政区设置为路—府（州）—县三级制，路的设置与辽极为相似，但数量较多。金初也设五京：上京（今黑龙江阿城南）、南京（今辽宁辽阳市）、中京（今内蒙古宁城西）、西京（今山西大同市）、北京（今内蒙古巴林左旗南），上京为首都，其余是陪都。金朝迁都燕京（今北京市）后，改为以中都（今北京大兴）、南京（今河南开封市）、北京（今内蒙古宁城西）、东京（今辽宁辽阳市）、西京（今山西天同市）为五京。金世宗即位（公元1161年）后，恢复上京名号，至此共有六京。

金朝的路分为两类，一类以六京带六路，其余的还有 13 个路，两者相加，共计 19 路（如表 2－31 所示）。金朝的府亦分两类，一类是京府，另一类为散府，京府即以五京或六京周围之地设府。以六府时为例，计有中都大兴府、南京开封府、北京大定府、东京辽阳府、西京大同府、上京令宁府，其余均为散府，地位比京府低而比州高。金朝的州亦分为节度、防御、剌史三个层级，每级又分为、中、下三等，细分起来，共有 9 个等第。金朝的县以所处地位重要与否和所辖户口多少，分作赤、原、剧、次剧、上、中、下七等，县不论等第高下，皆置令 1 人总制一县之事。县丞 1 人，主游 1 人，县尉、赤县 4 人，其他为 1 至 3 人不等。县以下的城、镇、堡寨，也分别由知城、知镇、知堡、知寨为主要长官。具体结果如表 1－31。

表 1－31　　　　　　　　金朝全国各路辖区表

	治所	辖区
上京路	会宁府（黑龙江阿城）	1 府 3 州（外兴安岭以南、黑龙江吉林东部、朝鲜半岛北端）
咸平路	咸平府（辽宁开原）	1 府 1 州（吉林辽宁交界）
东京路	辽阳府（辽宁辽阳）	2 府 4 州（辽宁南部、朝鲜半岛北部一角）
西京路	大同府（山西大同）	1 府 12 州（山西、河北北部、内蒙古南部）
中都路	大兴府（北京大兴）	1 府 13 州（河北中部）
北京路	大宣府（辽宁宁城）	2 府 6 州（河北东北、辽宁西部）
南京路	开封府（河南开封）	3 府 18 州（河南大部、安徽北部）
山东东路	益都府（山东益都）	2 府 11 州（山东东部、江苏北端）
山东西路	东平府（山东东平）	1 府 9 州（山东西部、江苏北端）
河北东路	河间府（河北河间）	1 府 8 州（河北东部）
河北西路	真定府（河北正定）	1 府 11 州（河北西部、河南北端）
大名府路	大名府（河北大名）	1 府 4 州（河北南部、山东西北）
京兆府路	京兆府（陕西西安）	1 府 6 州（陕西东部、河南西部）
凤翔府路	凤翔府（陕西凤翔）	2 府 4 州（甘肃东部、宁夏南部、陕西西部）
鄜延路	延安府（陕西延安）	1 府 5 州（陕西北部）
庆元路	庆阳府（甘肃庆阳）	1 府 5 州（甘肃东北、陕西西北）

续表

	治所	辖区
临洮路	临洮府（甘肃临洮）	1府6州（甘肃南部、青海东部）
河东北路	太原府（山西太原）	1府12州（山西中部）
河东南路	平阳府（山西临汾）	2府10州（山西南部）

第二十三节 "九域守令图"中的空间秩序

《九域守令图碑》系北宋徽宗宣和三年（1121年）荣州（今四川荣县）刺史宋昌宗重立，1964年被发现，现存于四川省博物馆。碑呈长方形，碑阴刻题："莲宇，绍兴己末（1139年）史炜建并书。"表明在南宋时，图碑已立于荣县莲宇山麓学宫之后，可能作为教学用图。该图碑是中国现已知立石最早的石刻地图，也是中国现存最早以县为基本单位的全国行政区划图。图中有一级行政单位京府4个，次府10个，州242个，军37个；二级行政单位监4个，县1125个，行政区名之多，在传世的宋代地图中居首位。图碑内容翔实，不仅是研究北宋政治、经济、沿革地理的重要材料，而且可作为史书之外对宋代行政建置增补、校正的依据。九域守令图碑文部分地名如表1-32。

表1-32　　　　　　《九域守令图》部分地名表

县名	所属路	所属州、府、军等
郧乡	京西南路	均州
上党	河东路	路州
江油	利州路	政州
麟游	秦凤路	凤翔府
南丰	江南西路	建昌军
清江	江南西路	临江军
武乡	河东路	威胜军
灵泉	成都府路	成都府
栎阳	陕西路	京兆府

续表

县名	所属路	所属州、府、军等
安吉	两浙路	湖州
闽	福建路	福州
龙安	成都府路	绵州
宁河	秦凤路	河州

第二十四节 《元史》中的空间秩序

宋濂等在《元史》一书中系统阐述了元朝的行政区划：元代（公元1271—1368年）是以蒙古贵族为主体的蒙汉等各族地主阶级的联合封建政权。元朝统治者是人数远比汉族少的游牧民族，因而元朝的行政区划和地方行政管理体制与前代相比，有许多为适应新的实际情况而创造的新模式。元朝的政区体系相对复杂，从层级上说，因地区不同，层级有三级、四级、五级之别，且内地与边疆地区政区模式亦不相同。行省作为高级政区，是元朝综合前代实践结果的一种创造。所谓省（或台），原是汉魏以来中央机构的名称，如中书省、尚书省等等，一般设在首都。行省（或行台）就是中央省（或台）向地方的派出机构，一般是为地方临时有事而派，这种制度起源于魏晋南北朝。最初的行省（或行台）没有明确的施政区域，东魏北齐时，因地方政区设置过多过滥，中央不便管理，曾分道设置过行省（或行台）。元初设行省时，本意也是因军事行动的需要，但由于元朝建立后经历的军事行动时间长达70年之久，占领一地之后，往往又遭到顽强的抵抗，因而行省制度就被保留了下来。由于行省的官吏是中央的官吏，位尊权重，也在相当程度上促进了行省官员地方化和行省区域固定化，最后终于形成了最高一级的行政区划。至元成宗大德（公元1297—1307年）年间，行省已趋于稳定，全国划分为11个最高的行政区，中书省直辖一块地区，其余均为行省。

元朝在行省以下设路、府、州、县。路分上、下二等，总的来说，户数在10万以上的为上等，以下的为下等；府分为两种，一种兼属于路，称为属府，另一种直隶于行省；州依人口数量分为三等，元初规定，15000户以上者为上州，6000户以上者为中州，不及6000户的为下州。元代统治江南后，由于江南地区的州人口繁盛，原来的规定不符合实际，于是在江南地区改为50000户以上者为上州，30000户以上者为中州，不及30000户者为下州。县与前代相同，仍是比较稳定的、最基本的行政区。县也分为三等，元初以6000户以上为上县，2000户以上为中县，不及2000户者为下县。后又确定江南地区30000户以上者为上县，10000户以上者为中县，不足10000户者为下县。

元代还有一种介于行省、府、州、县之外的特殊的道，即监察道和宣慰道，这两种道都不为行政区划，宣慰道为中书省和行中书省内的偏远地区，行省所新设置的一种机构。这种道既不是监察区，也不是行政区，而是由于边远地区距离省治太远，行省鞭长莫及而设置的。监察道即肃政廉访使司，本名提刑按察使司。元代中央监察机构称御史台，下设行御史台。这种监察道隶属于御史台或行御史台，与宣慰司道无关。在边疆地区，元代设有军、安抚司、长官司、招讨司等，而且隶属关系也不一致，有的隶属于路，有的隶属于省，还有的相当于当地的下等州。对于都城和各路驻地的城镇区域，元朝首创了专门的管理机构。在大都和上都，设警巡院管理城镇地区居民，在其他城镇也分别设置一个或几个录事司进行管理。西藏地区在元朝都被称为吐蕃，该地区由元朝中央的宣政院直接进行管理。宣政院掌管全国的佛教事务，还要管理西藏地区行政。在吐蕃地区，元朝设有宣慰使司都元帅府，又将吐蕃地区划分为13个"万户"。具体结果如表1-33。

表1-33 元武宗至大元年（公元1308年）前后元代行省政区划分表

行省	省会	辖区
中书省		北京、天津及山西、山东、河北、河南（部分）、内蒙古（部分）地区
辽阳行省	辽阳（辽宁辽阳）	辽宁、吉林、黑龙江三省以及黑龙江以北，乌苏里江以东地区

续表

行省	省会	辖区
陕西行省	奉元（陕西西安）	陕西、甘肃东南部和内蒙古部分地区
甘肃行省	甘州（甘肃张掖）	甘肃河西走廊、宁夏大部以及内蒙古部分地区
河南江北行省	汴梁（河南开封）	河南省黄河以南部分以及湖北、江苏、安徽三省的长江以北地区
江浙行省	杭州（浙江杭州）	上海市以及安徽、江苏两省的长江以南地区，浙江、福建、江西三省部分地区
江西行省	龙兴（江西南昌）	江西省大部分地区及广东省
湖广行省	武昌（湖北武汉）	湖南、广西二省区以及贵州省大部分地区和海南省
四川行省	成都（四川成都）	四川省甘孜、阿坝、雅安以东地区以及湖南、湖北两省部分地区
云南行省	昆明（云南昆明）	云南全省，四川省部分地区及缅甸、泰国北部地区
岭北行省	和林（蒙古国鄂尔浑河上游哈喇和林）	蒙古国以及俄罗斯西伯利亚地区和我国内蒙古、新疆部分地区

第二十五节 《〈明史·地理志〉疑误考正》中的空间秩序

庞乃明在其著作《〈明史·地理志〉疑误考正》中研究和阐述了明朝的行政区划：明朝（公元1368—1644年）建立后面临的主要政治问题就是地方行政制度。元朝因行省官吏职权过大，造成土壤割据，致使元末朝廷指挥失灵，枝强干弱。对此，朱元璋将地方部分权力收归中央，置于皇帝控制之下，避免重蹈元亡覆辙。洪武九年，又改行中书省为承宣布政使司（习惯上称省），又设都指挥使司、提刑按察使司，号称"三司"，分管一省民政、军政和司法，三司互不统辖，各听命于朝廷，地方大事，三司协同办理，借以防止地方长官权力独揽。这样，明时的省再也不是元朝那种作为中央派出机构直接控制地方的组织了，而成为最高一级地方行政区，明朝行政区划的一级行政区为两直隶十三布政使司（省）和奴儿干、乌斯藏、朵甘三都司；二级政区为府、州；三级为县。在一些少数民族还设有羁縻府州县和分封藩王制。终明一代，共设有159个府，234个州，1171个县。明代中后期，高层政区体制发生了重大变化，其标志是总督、巡抚辖区的形成。自宣德年间（公元 1426—1435年）开始，由中央派出部院大臣巡抚地方。正统（公元 1436—1449 年）、景泰（公元 1450—1457 年）年间，又开始派总督统辖地方事权，总督地位在巡抚之上，较偏重于军权；巡抚则统辖一省及几省的都、布、按三司。嘉靖（公元 1522—1566 年）至万历（公元 1573—1620 年）年间，巡抚和总督的治所和辖区开始相对固定下来，几乎成了取代省的高层政区，而且巡抚、总督的辖区与布政使司辖区大相径庭，有的大于布政司，有的与布政司大体相等，有的小于布政司，还有的辖几个布政司搭界之地。至明朝末年，共设 30 多个巡抚、总督辖区。结果如表 1–34。

表 1–34　　　　　　　　明朝两直隶十三省辖区表

名称（治所）	辖区	辖府州数
南直隶（南京）	江苏、安徽	14 府 4 直隶州
北直隶（北京）	河北	8 府 2 直隶州
山东（济南）	山东、辽河流域	6 府
山西（太原）	山西、内蒙南部	5 府 3 直隶州
河南（开封）	河南	8 府 1 直隶州
陕西（西安）	陕西、甘肃、宁夏黄河以南、内蒙古河套以南、青海西宁以东	8 府 2 直隶州
四川（成都）	四川中东部、云南北部、贵州西部	13 府 6 直隶州
湖广（武昌）	湖北、湖南	15 府
浙江（杭州）	浙江	11 府
江西（南昌）	江西	13 府
福建（福州）	福建、台湾	8 府 1 直隶州
广东（广州）	广东	10 府 1 直隶州
广西（桂林）	广西	11 府 9 直隶州
贵州（贵阳）	贵州	10 府
云南（中庆）	云南中部、南部	20 府 2 直隶州

第二十六节 《广舆图》中的空间秩序

《广舆图》系明代罗洪先以元代朱思本《舆地图》为基础，汇集增补并改编成的综合性地图集，稿本完成于明嘉靖二十年（公元1541年），初刻于嘉靖三十四年（公元1555年），后又有6个不同刻本。嘉靖三十四年（公元1555年）的初刻本图幅内容主要包括四个部分，第一部分为政区图，分为大明《舆地总图》和明两直隶十三省（布政司）分省图，共17幅，并罗列了全国各省所辖府、州、县和都司卫所数量以及户口、税收等；第二部分为边防图包括"九边图"和"诸边图"两类共16幅；第三部分为黄河图、海运图和漕运图，共8幅；第四部分为邻国和周边地图共7幅。由此可见该图集所关注的大部分内容是有关明王朝的兴衰存亡，为解决当时统治者所处的现实问题提供了丰富的参考资料，由此成为了中国第一部综合性地图集。《广舆图》的内容如表1-35所示。

表1-35　嘉靖三十四年（公元1555年）初刻本《广舆图》内容表

地图分类	图名	幅数
政区图	舆地总图	1
	北直隶舆图	1
	南直隶舆图	1
	山东舆图	1
	山西舆图	1
	陕西舆图	2
	河南舆图	1
	浙江舆图	1
	江西舆图	1
	湖广舆图	1
	四川舆图	1
	福建舆图	1
	广东舆图	1

续表

地图分类	图名	幅数
	广西舆图	1
	云南舆图	1
	贵州舆图	1
九边图	九边总图	1
	辽东边图	1
	蓟州边图	2
	内三关边图	1
	宣府边图	1
	大同外三关边图	1
	榆林边图	1
	宁夏固兰边图	1
	庄宁凉永边图	1
	甘肃山丹边图	1
诸边图	洮河边图	1
	松潘边图	1
	建昌图	1
	麻阳图	1
	虔镇图	1
专题图	黄河图	3
	海运图	2
	漕运图	3
邻国和周边地图	朝鲜图	1
	东南海夷图	1
	西南海夷图	1
	安南图	1
	西域图	1
	朔漠图	2

第二十七节 《五岳游草》中的空间秩序

明朝著名地理学家王士性（1597年）在《五岳游草》卷十一"杂

志"中，将当时中国东部和南部划分为 14 个自然区，分别为晋中、关中、蜀中、楚、江右、两广、闽、滇、贵竹、中原、山东、两浙、南都（南京）和北都（北京），并概述每个自然区的基本特点，比《山海经》的"五方"和《禹贡》的"九州"的划分更详细合理，范围也更广，为中国的综合自然地理区划方案萌芽。结果如表 1－36。

表 1－36　　　　　　　　　王士性中国自然区划表

区域名称	基本特点
晋中	太行山脉在它的东方横亘几千里，洪河环绕着它的西部，它的北部直至沙漠，是一个自然省
关中	河流和潼关成为了它的东部边界，剑阁、梁山挡住了它的南部，番卢挡住了西北方向，左侧有渭河，右侧有汉水，终南山就是这里的祖脉，这是一个自然省
蜀中	山峦层层叠叠，环绕在它的四周，它的中部地区拥有广袤的肥沃土地。岷江从北向南奔流，其他各条河流与它相交织，最后都在三峡汇成一股江流向大海奔流而去，这也是一个自然省
楚	长江横穿这块地方，长江以南的部分，九条河流的水最终汇集到洞庭湖，而长江以北的各条河流最终汇入汉水，然后进入江陵、沅江、桂县、永州、吉州、袁州、宁州的各座山围在它的前方，而荆山包裹着它的北部，这也是一个自然省
江右	左侧有黄山，右侧有庐山，这两条龙脉是从南方蜿蜒而来，从东、西、南这三个方位环绕着这个地区，各条河流都是源于这个省，汇入彭泽之后流入长江，江水流走，迎来了各座山脉，长江流经它的北部，也是一个自然省
两广	五岭以外就是两广地区，广右又是一个独立行政单位。三江都在苍梧的东部交汇，又在梅岭的东部分出一支河流，包围了这片地区的北部
闽	这个地方都是之前大海留下的，也是一个自然省
滇	西南方向有方圆万里的滇中地区，滇是一个国家
贵竹	最早的时候，原本是滇的门户，后来被设立为省，也是不得已的事。牂牁江、乌江、柳江这些江水四下流淌，而湖北、川东的管辖体系也不统一，都是有历史原因的
中原	一片浩瀚的土地，方圆几千里范围内都没有山，不得不强行在平原上划出界线，所以睢、陈的东部，凤、泗的北部，兖、济的南部，风土人情都没有什么差异。两条大河从这片区域的中部穿过，淮河和卫河作为辅助，太行山在后，荆山在前，秦岭在西方耸立，嵩山伫立在中部，也是一个自然省

续表

区域名称	基本特点
山东	泰山是这里的祖脉,它和其他各省之间虽然没有高山和大河作为界线,但这是后来由齐国、鲁国合并成的一块区域,原先是周公、太公的国土,不进入其他郡县的范围
两浙	这里既有吴国,也有越国的土地,但是风土人情却迥然不同。浙西地区都是一片沼泽,没有山,这里的人崇尚奢侈和精巧,和苏州、常州相似,因为这里原来是吴国的地域。浙东地区耸立着群山,背靠着大海,这里的民风淳朴,和古代的越国是一个地方
南都(南京)	漕运方便,文化及物产丰富,这里统一了车辙和文字,就好像西周镐京一样
北都(北京)	太行山是它天然的屏障,面朝大海,扼住了少数民族地区的咽喉要道,占据了军事要地,就好像东周洛邑一样

第二十八节 《大中国志》中的空间秩序

《大中国志》是由长期旅居在中国的葡萄牙传教士曾德昭(公元1586—1658年)编写的,原稿用葡文撰写,为手稿本,未刊印。1642年,有人将手稿摘译为西班牙语,后又有意大利文刊印本、法文译本、英文译本等。全书分两部分,第一部分据作者亲身经历,从不同侧面描述了中国的社会风俗、各种制度及有关习惯;第二部分主要记述耶稣会士的传教活动,由于是曾德昭的亲历,部分记述十分翔实,具有重要史料价值。该书将中国分为南北两大区,其中南方有9省,北方有6省,并详细描述了各省的基本情况,在第一章《中国总述》中指明:"这个国家分为15个省,每一个省就是一个大的国家,而且都很古老,各有自己的国王。"曾德昭划分中国南北两大区如表1-37所示。

表1-37　　　　　《大中国志》中的中国南北两大区

区域	所属省份
南方	广东、广西、云南、福建、江西、四川、湖广、浙江、南京
北方	河南、陕西、山西、山东、北京、辽东

第二十九节 《读史方舆纪要》中的空间秩序

1. 概况

明末清初学者顾祖禹所撰的地理著作《读史方舆纪要》原名为《二十一史方舆纪要》，成书于康熙三十一年（公元1692年），全书共一百三十卷。首为历代州域形势九卷，记述历代王朝的盛衰兴亡和地理大势；次为明代两京十三布政使司一百十四卷，分叙其名山、大川，所属府、州、县及境内部分都司卫所的疆域、沿革、古迹等，并记载其地发生的历史事件；再为川渎异同六卷，专叙禹贡山川的经流源委及漕河、海道；末为分野一卷。另附《舆图要览》四卷，内容有两京十三布政使司、九边、黄河、海运、漕运及朝鲜、安南、海夷、沙漠等图。全书参考二十一史、历代总志及部分地方志书达百余种，集明代以前历史地理学之大成，被誉为"数千百年所绝无仅有之书。"

2. 结果

《舆图要览》卷一至卷二为两京十三司及全国总图，其先冠以总论，次附舆图与图说。总论的内容涉及全国或各省的形势、沿革、建置等，舆图之后的图说则是关于各府、州、县等相关建置的道里、方位、沿革等内容，但具体的内容又因舆图的不同而有所区别，以舆地总图为例，全国行政区划系统如表1-38。

表1-38　　明嘉靖三十年（公元1551年）全国行政区划表

两京十三布政使司	所属府州县数量
北直隶	府八，属州十九，县一百一十六
南直隶	府十四，属州十七，县九十六
山东	府六，属州十五，县八十九
山西	府四，属州二十，县七十七
陕西	府八，属州二十一，县九十四
河南	府八，属州十二，县九十六

续表

两京十三布政使司	所属府州县数量
浙江	府十一，属州一，县七十五
江西	府十三，属州一，县七十三
湖广	府十五，属州十六，县一百零六
四川	府七军民府四，州二十，县一百零四，长官司八
福建	府八，属州一，县五十六
广东	府十，属州七，县七十五
广西	府十一，属州四十六，县五十七
云南	府二十二军民卫一，县三十三
贵州	宣慰司一府八卫十八，州六安抚司二

第三十节 远东、中东、近东的空间秩序

远东、中东和近东这三个政治地理概念是"欧洲中心论"的产物。14—15世纪，资本主义生产关系首先在欧洲萌芽，欧洲大西洋至北海沿岸的一些国家，如葡萄牙、西班牙、荷兰等，迫切要求向外扩张殖民地，富庶的东方成了它们攫取海外财富的首选目标。16世纪起欧洲列强开始向东方进军，它们根据当时掌握的地理知识，按照离自己的远近，分别把东方不同的地区称为远东、中东、近东，后来这三个概念被国际社会广泛沿用。由于各国的理解和划分不尽一致，所以这三个概念没有明确的范围和界线。通常的划分结果如表1-39所示。

表1-39　　　　　远东、中东、近东的地理区划

分区	范围
远东	远东指离西欧最远的亚洲东部地区，包括中国、朝鲜、韩国、日本以及俄罗斯的太平洋沿岸地区，习惯上有时也把东南亚各国归到远东之列。
中东	中东范围没有明确的界限，现一般指以西亚为主，地跨欧、亚、非三洲的地区。包括伊朗、阿富汗、埃及、巴勒斯坦、叙利亚、伊拉克、约旦、黎巴嫩、也门、沙特阿拉伯、阿联酋、阿曼、科威特、卡塔尔、巴林、土耳其、塞浦路斯。也有不把阿富汗包括在内的。

续表

分区	范围
近东	近东指距离西欧较近的国家和地区，过去主要指欧洲的巴尔干地区的国家（南斯拉夫、阿尔巴尼亚、希腊、罗马尼亚等）、亚洲的地中海沿岸国家和东地中海岛国塞浦路斯。第一次世界大战后，一般不再把巴尔干地区的国家称为近东国家，而以东南欧或南欧代称。

第三十一节　清代的空间秩序

周振鹤等在《中国行政区划通史·清代卷》中研究和阐述了清代的行政区划：清代（公元1644—1912年）是中国历史上最后一个封建王朝，自摄政王多尔衮率兵入关后，清代省制沿袭明代布政使司之制，只是因南京废不为都，改南直隶为江南布政使司，康熙初年恢复行省之名，即江南省，后分江南省为江苏、安徽两省；分陕西省为陕西、甘肃两省；分湖广省为湖北、湖南两省。到乾隆年间，内地省的名称便被固定下来即直隶、山东、山西、河南、江苏、安徽、浙江、江西、福建、湖北、湖南、广东、广西、云南、贵州、陕西、甘肃、四川18省，18府，55直隶州，属州县1300多。边地则设将军统辖，天山南北设伊犁将军统辖，东北设奉天、吉林、黑龙江三将军统辖。清代中叶全国省制划分基本未动，仍保持清初18省之制（如表1-40所示）。到了清末，将原伊犁将军辖区改为新疆省，次年又将福建省台湾道升为台湾省，1907年又将东北三将军辖区改为行省，省名依旧，俗称东三省。当时全国除西藏、青海及内外蒙古几个地区未设省外，其他地区都建立了行省制。清末时全国共设23省，即清初18省和新改的台湾、黑龙江、吉林、奉天、新疆5省。而总督辖区与省级政区形成有关，清朝在内地遍设总督。清初一省设一督，康熙四年时改为二省或三省设一总督，共九个总督：直隶、河南、山东、两江（即江南省和江西省）、山陕、福建、浙江、湖广、四川、两广、云贵。后几经变迁，至乾隆二十五年（公元1760年）长期固定为直隶、两江、陕甘、四川、闽浙、湖广（湖南省和湖北省）、两广、云贵 8 个总督。山东、山西、河南三省无总督，由巡抚兼理总督职责。

省级政区之下，清朝在内地设有府、州、厅、县等统县和县级政区。清代的府、县与明朝同；州与明朝相比有所不同，清代的州分为直隶州和散州。直隶州地位与府同，仍然领若干县，而且直接管辖一个县；散州地位基本与县同，且不再管辖县。清代的厅一般设在边远的开发程度较低地区，亦分为两种：直隶厅地位与府同，但绝大多数不管辖县，散厅地位与县同。在边疆地区，除高层政区形式采用将军、大臣辖区等管辖体制之外，中层、基层政区形式也与内地有极大的不同，而且因地因人而异，采用灵活的办法进行管理。如在内外蒙古、东北、青海、新疆等地游牧民族聚居区，大部采用盟、旗制度。盟的地位与府相当，旗的地位与县相当。新疆的大部分地区除去盟旗制度之外，还设有回庄制度，西藏地区则设置不少城、营作为基层管理单位。清朝与明代一样，在西北、西南设置了不少宣慰司、宣抚司、安抚司、招讨司、长官司和土府、土州、土县，统称"土司"，仍由当地少数民族的首领充当土司的首领。结果如表 1-40。

表 1-40　清嘉庆年间（公元 1796—1820 年）清朝省级行政区划表

名称	驻所	辖区
直隶省	总督驻保定	辖区比今河北省及北京、天津市之和大
江苏省	巡抚驻苏州	辖区与今江苏省同
安徽省	巡抚驻安庆	辖区与今安徽省同
山西省	巡抚驻太原	辖区与今山西省同
山东省	巡抚驻济南	辖区与今山东省同
河南省	巡抚驻开封	辖区与今河南省同
陕西省	巡抚驻西安	辖区与今陕西省同
甘肃省	陕甘总督兼陕西巡抚驻兰州	辖区与今甘肃省同
浙江省	巡抚驻杭州	辖区与今浙江省同
江西省	巡抚驻南昌	辖区与今江西省同

续表

名称	驻所	辖区
湖北省	巡抚驻武昌	辖区与今湖北省同
湖南省	巡抚驻长沙	辖区与今湖南省同
四川省	巡抚驻成都	辖区与今四川省、重庆市同
福建省	巡抚驻福州	辖区与今福建、台湾二省同
广东省	巡抚驻广州	辖区与今广东省同
广西省	巡抚驻桂林	辖区与今广西壮族自治区同
云南省	巡抚驻云南（今昆明市）	辖区与今云南省同
贵州省	巡抚驻贵阳	辖区与今贵州省同

第三十二节 《历史哲学》的空间秩序

黑格尔的《历史哲学》是他的学生和友人根据他的原稿和听讲者的笔记整理编印成书，第一版于1837年出版。黑格尔在《历史哲学·历史的地理基础》中，规定了三种比较特殊方面的地理上的差别，以此将"旧世界"划分为三个地区，并分别对位于这三个地区的人的生活方式和民族性格进行分析。结果如表1-41。

表1-41　　《历史哲学》中的"旧世界"划分表

分类	差别	范围	区域条件	民族特性
高地	实体的、不变的、金属的、高起的区域，闭关自守，不易达到，但是也许宜于把冲动送到其他各地	从里海起，向北蔓延到黑海。如：中亚西亚、非洲巴巴利沙漠、阿拉伯沙漠等	自然条件恶劣、气候干燥、土地贫瘠，依靠偶尔的降水和河流泛滥获得灌溉，因此该地区以游牧为主	家长制的生活方式，没有法律关系的存在；有好客和掠夺两个极端，当处在文明民族的包围时，掠夺的行为更为普遍

续表

分类	差别	范围	区域条件	民族特性
平原流域	文明的中心,而且还没有开发的独立性	中国、印度、巴比伦、埃及等	自然条件优越、土壤肥沃、灌溉水源充足,适合从事以种植业为主的农业	土地对他们的生存具有无可替代的意义,使得土地所有权等法律关系产生,并逐渐成为国家形成的基础和根基;同时,对土地的依赖性使他们变得闭关自守、因循守旧
海岸区域	表现和维持世界的联系	地中海周围（主要指欧洲）	有着广阔无垠的海洋,海洋交通更为便捷,使他们从事海洋贸易	大海和海洋贸易的危险性使他们充满勇气、智慧和机警;同时也使他们塑造了崇尚民主、独立和自由的民族特性

第二章
空间秩序：公元 1840—1911 年

第一节 《四洲志》中的空间秩序

1. 概况

《四洲志》是近代中国最早主张正确看待西方国家和学习西方国家的封建士大夫林则徐（1785—1850）主持编译的一部世界地理著作。林则徐在广东主持禁烟期间，为了解西方国家的历史与现状，让幕僚把英国人慕瑞所著的《世界地理大全》翻译出来，亲自加以润色、编辑，写成《四洲志》一书。该书简要叙述了世界五大洲 30 多个国家的地理、历史和政治状况，是近代中国第一部相对完整、比较系统的世界地理志书。在林则徐的影响下，后来亦产生一批研究外国史地的著作。此书实为开风气之先的创举，而作者林则徐也被后人誉为"开眼看世界的第一人"。

2. 结果

林则徐在鸦片战争前认识的世界是以中国为中心的狭小范围，通过编译《四洲志》他才知道，原来还有更广大的地区是自己不曾知道的，包括欧洲、非洲和南北美洲。而从近年发现的、他留下的札记资料看，除了亚、非、欧、美四大洲，他已知道还有一个荒无人烟的南极洲，由于杳无人烟无所记述，林则徐所记只限于四大洲，另外还有澳大利亚和新西兰。虽然英国人在几十年前已经发现并移民于此，但当时人们还不承认是一大洲，且相关资料欠缺，也就略而不志了。《四洲志》的编辑体例基本上是以地区和国家为单位逐一介绍，每个国家或地区的内容大体包括自然地理、历史沿革、政治制度、军事情况、财政经济、对外关系、文化宗教、民情风俗、行政区划、土特产品等。

表 2-1 《四洲志》中的国家和地区表

国家或地区	现称
安南国	越南
暹罗国	泰国
缅甸国	缅甸
印度国	印度
巴社国	伊朗、伊拉克一带
阿丹国	阿联酋、沙特、也门等
都鲁机国	土耳其
依揖国	埃及
阿迈尼斯国	埃塞俄比亚、苏丹境内
东阿未利加洲	东非地区
阿未利加洲之北四国（摩罗果、阿尔尼阿、都尼斯、特厘波里）	摩洛哥、阿尔及利亚、突尼斯、利比亚
南阿未利加洲	南部非洲
西阿未利加洲	西非地区
中阿未利加洲	中非地区
布路亚国	葡萄牙
大吕宋国	西班牙
荷兰及弥尔尼壬国	荷兰、比利时
佛兰西国	法国
意大里亚国	意大利
耶马尼国	德国等
欧塞特里国	匈牙利、奥地利、克罗地亚等中东欧地区
波兰国	波兰
绥林与挪威国	瑞典、挪威
领墨国	丹麦
瑞国	瑞士
普鲁社国	波罗的海附近
都鲁机国	中亚地区

续表

国家或地区	现称
英吉利国	英国、爱尔兰
俄罗斯国	俄罗斯等
悉毕厘阿国	西伯利亚地区
育奈士迭国	美国
北墨利加洲之俄罗斯属地	北美地区
北墨利加洲之英吉利属地	北美地区
智利国	智利

第二节 "俄罗斯人口区划"中的空间秩序

谢苗诺夫对于我国的区划工作有着巨大的功绩。1871 年在《俄罗斯帝国的统计学年刊》中曾刊登着他的一篇文章《欧洲俄罗斯的人口密度与决定帝国人口分布原因的依存关系》。

彼得·彼得罗维奇在自然的和经济的原因中发现了这个依存关系，同时把欧洲、俄罗斯分为 12 个区域或地区：极北区域、湖泊附近区域、波罗的海附近区域、莫斯科工业区域、中央农业区域、乌拉尔附近区域、伏尔加河下游区域、小俄罗斯区域、诺伏罗西斯克区域、西南区域、白俄罗斯区域、立陶宛区域，芬兰、波兰、高加索地区未被注意到。

第三节 "地表自然区划"中的空间秩序

19 世纪初叶，德国地理学家霍迈尔发展了地表自然区划以及在主要单元内逐级分区的概念，他设想出了 4 级地理单元，即小区（ort）、地区（gegend）、区（landschaft）、大区域（land）。霍迈尔的地表自然区划概念是指将地球表面划分为不同的自然区域，每个区域都有其独特的气候、植被和土壤类型等特征。而区划主要单元内部逐级分区的概念则是指在主要单元内部再进行逐级分区，以便更好地了解各个层次之间的关系。其中，小区是最基本的地理单元，通常是由几个村庄或城镇组成；地区是由几个小区组成，通常是由在经济、政治或文化上相似的小区组成；区域是由几个地区组成，通常是由在气候、植被或土壤类型等方面具有相似性的地区组成；大区域则是由几个区域组成，通常是在地理位置、气候、植被或土壤类型等方面具有显著差异的大区域。

第四节 "地理地带性区划"中的空间秩序

19世纪90年代，道库恰耶夫在研究世界土壤分布规律的基础上，揭示了地理地带性这一普遍的自然规律。他首先指出了土壤的区域性，以及它与气候、植被和动物圈区域性相符，从而导致他对地理环境整体区域性的确认。在此基础上，道库恰耶夫将温带分为六个区域：北方（冻土苔原）区、针叶林区、森林草原区、草原区、荒漠草原区和荒漠区。他指出（1900）：其中的每个区的自然面貌的变化，不仅仅是从北向南，同时也会随着温度和湿度及二者相互比例的变化，每个区由西向东分成自然区。接下来，他提出了区域内的区划的基本原则。道库恰耶夫发明的整体性法则和地理环境区域性法则，是在19世纪后半叶对自然地理学思想上的最大贡献。区域性法则的建立总体上终结了解释地球上不同地区土壤、植被和动物圈的地理差异的原因上的分歧。道库恰耶夫关于地理区域性的学说对于地理学的意义如同门捷列夫的周期表对于化学。后来道库恰耶夫的学生克拉斯诺夫、唐菲利耶夫等人对区域性学说做出了成功的研究。

第五节 《历史的地理枢纽》中的空间秩序

1904年，麦金德在著作《历史的地理枢纽》中对影响世界的欧亚大陆的地理条件作了分析。在该陆块的中心，虽然点缀着一块块沙漠，但整个来说则是个草原地带，是个内陆水系。其北面是广阔的森林与沼泽，气候寒冷不宜农业。总体来说，这里地势低平，没有山岭阻隔，这里就是麦金德在其文中所称的"枢纽区域"。在枢纽区的北面是冰封的北冰洋，其他三面则被一系列山岭、高原、盆地所组成的或宽或窄的地带所包围。在围绕枢纽的环形地区，即内新月形地区，其面向东面和南面的季风地带，一个是面向太平洋的佛教领域，一个是面向印度洋的婆罗门教领域。西面是受西风带影响的欧洲，是基督教领域。其西南缺水干旱的中东地区，是绿洲、沙漠、草原相间，为欧亚水陆交通的关键地区，为伊斯兰教领域。在内新月形地区以外的区域，麦金德称为"外新月形地区"，它包括欧亚大陆边缘的英国、日本及其他诸岛，撒哈拉沙漠以南的非洲以及大洋洲和南、北美洲。1919年，麦金德在《民主的理想与现实》一文中，他修改了原来的枢纽地区的范围，他根据对海洋大国进入能力的重新评价，把枢纽地区的范围向西扩大，在名称上他使用"心脏地带"（heartland）代替原来"枢纽地区"（pivot area）。依据麦金德的陆权论，将全球分成1个地带和6个地区（领域）。

第六节　世界自然区划中的空间秩序

赫伯森于1905年首次提出了世界自然区划，他依据地形、气候和植被的组合将世界划分成6大自然区域和若干个副区，其研究方法一改以往英国地理教学以国家政治单元进行归纳的传统，强调地理学的重点应在于综合研究地球表面各种现象之间的空间联系。他所倡导的综合研究思想对区域地理学和景观学的发展有深远影响。

表 2-2　　　　　　　　　　世界自然区划

自然区域	副区
极地	a 低地（苔原类型）
	b 高地（冰帽型）
寒温带地区	a 西缘（西欧型）
	b 东缘（魁北克型）
	c 内陆低地（西伯利亚型）
	d 内陆山区（阿尔泰型）

续表

自然区域	副区
暖温带地区	a 冬季降雨的西部边缘（地中海型）
	b 东缘有夏雨（中国型）
	c 内陆低地（图兰型）
	d 高原（伊朗型）
热带地区	a 西部热带沙漠（撒哈拉型）
	b 东部热带地区（季风型）
	c 热带高原（苏丹型）
高大的热带或亚热带山脉（西藏类型）	
赤道低地（亚马孙河流域类型）	

第七节 《新撰地文学》中的空间秩序

张相文于 1908 年将全国划分为 18 个地文区，是中国近代的第一个自然区划方案。《地文学》一书包括星界、陆界、水界、气界、生物界五篇，与世界近代地理学第二代创建人之一的马东男（E. de Martonne）所著的《自然地理专论》（Traite de Geographie Physique）相比较，在时间上早一年问世，在内容上马氏只有无机 4 个界，而张氏则增加了有机生物界，这是 20 世纪初自然地理学上的一个重要创举。

第八节 世界大陆大洋的空间秩序

长期以来，对于海洋的划分存在着不同的方案，主要有三大洋、四大洋和五大洋的划分方案。最早对世界大洋进行科学划分并正式命名的是英国伦敦地理学会于 1845 年发表的方案，该方案把世界大洋划分为 5 个大洋，即太平洋、大西洋、印度洋、北冰洋和南大洋。其中，规定南大洋以南极圈为界，北冰洋以周围大陆岸线以及通过大西洋北部的北极圈为界。20 世纪初，有些学者建议将世界大洋划分为三大洋，即太平洋、大西洋和印度洋，把原先划出的北冰洋作为大西洋的北极地中海和边缘海，南大洋也相应地并入太平洋、大西洋和印度洋，作为这3个大洋的南极海域。三大洋的划分方案曾为许多学者所接受。

萨维尔·勒皮雄在1968年将全球地壳划分为：太平洋板块、亚欧板块、非洲板块、美洲板块、印度洋板块和南极洲板块。其中除太平洋板块几乎全为海洋外，其余5个板块既包括大陆又包括海洋。亚欧板块：北大西洋东半部、欧洲及亚洲。包括中南半岛，不包括阿拉伯半岛、印度半岛。非洲板块：非洲、南大西洋东半部及印度洋西侧。印度洋板块：阿拉伯半岛、印度半岛、澳大利亚大陆、新西兰及大部分的印度洋。太平洋板块：大部分的太平洋，包含美国南加州海岸地区。美洲板块：北美洲、北大西洋西半部及格陵兰、南美洲与南大西洋西半部。南极洲板块：南极洲与南美洲西侧太平洋。

第三章
空间秩序：公元1912—1948年

第一节　中华民国时期的行政区划

　　谭其骧在《简明中国历史地图集》中研究和阐述了中华民国时期的行政区划：辛亥革命后仍沿用清末23省制，到了1914年北洋政府将直隶省热河道、山西省绥远道、兴和道以及内蒙古东四盟和西二盟地区，分别设置了热河、绥远、察哈尔三个特别区域，在四川省西部及西藏东部设置了川边特别区域。1928年，南京国民政府改原直隶省为河北省、奉天省为辽宁省，又划出原甘肃省宁夏道及内蒙古阿拉善、额济纳两旗地区新设宁夏省，在甘肃省西宁道及青海地区新设青海省，同年又将上述各特别区分别改设为热河、绥远、察哈尔、西康（原川边特别区）4个省，至1929年全国共有29个省（即清末23省和以上新设6省）、6个直辖市（北京、天津、西安、青岛、上海、南京）、两个特别区（威海卫和东省特别区）、两个地方（西藏和外蒙古），1930年至1945年间全国省级行政区划基本未变（如表3-1所示）。1945年抗日战争胜利后，国民政府将原东北三省改划为黑龙江、嫩江、兴安、松江、合江、吉林、安东、辽北、辽宁9省，而台湾又重新回归祖国。1947年5月，内蒙古自治区成立，管辖范围包括当时东九省中的兴安、辽北两省全部和察哈尔、热河两省北部；至中华人民共和国成立前夕，全国共有33个省（黑龙江、嫩江、合江、松江、吉林、安东、辽宁、新疆、青海、甘肃、宁夏、绥远、热河、察哈尔、西康、河北、山西、陕西、山东、河南、江苏、安徽、浙江、福建、江西、湖北、湖南、广东、广西、贵州、云南、四川、台湾），12个直辖市（北京、天津、沈阳、旅大、鞍山、抚顺、本溪、西安、上海、武汉、广州、重庆），1个地方（西藏），1个自治区（内蒙古），而外蒙古于1946年1月国民党政府公开承认独立。具体见表3-1。

表3-1　　　　　　　　　1933年全国行政区划

省、院辖市、地方等	所属市、县
南京市	
江苏省	镇江（丹徒）、江宁、句容等
上海市	
浙江省	杭州、海宁、富阳等
安徽省	怀宁、桐城、宿松等
江西省	南昌、南昌、新建等
湖北省	武昌、鄂城、嘉鱼等
湖南省	长沙、湘阴、浏阳等
四川省	成都、简阳、广汉等
河北省	天津、大兴、良乡等
北平市	
山东省	济南、历城、章丘等
青岛市	
威海卫行政区	
河南省	开封、陈留、中牟等
山西省	阳曲、太原、榆次等
陕西省	长安、咸阳、兴平等
甘肃省	兰州、景泰、定西等
宁夏省	宁朔、灵武、中卫等
青海省	西宁、大通、化隆等
福建省	古田、闽侯、屏南等
广东省	广州、番禺、南海等
广西省	邕宁、扶南、隆安等
云南省	昆明、富民、宜良等
贵州省	贵阳、修文、息烽等

续表

省、院辖市、地方等	所属市、县
辽宁省	沈阳、铁岭、开原等
吉林省	永吉、长春、伊通等
黑龙江省	嫩江、大庆、讷河等
新疆省	迪化、昌吉、哈密等
热河省	承德、隆化、阜新等
绥远省	归绥、萨拉齐、五原等
察哈尔省	张北、多伦、宣化等
西康省	康定、安良、泸定等
西藏	拉萨
外蒙古	库伦

第二节 《中国新舆图》中的空间秩序

1917年陈镐基编著了《中国新舆图》。该书将中国划分为32个行政分区，包括京兆地方、直隶省、热河特别区域、奉天省、吉林省、黑龙江省、山东省、河南省、山西省、江苏省、安徽省、江西省、福建省、浙江省、湖北省、湖南省、陕西省、甘肃省、新疆省、四川省、川边特别区域、广东省、广西省、云南省、贵州省、绥远特别区域、察哈尔特别区域、阿尔泰区域、外蒙古、青海、西藏、西套蒙古。

第三节 柯本的世界气候带中的空间秩序

德国气候学家、植物地理学家柯本1918年创立柯本气候分类法，建立了以温度与降水的关系作为指标，并参照了自然植被分布及同一气候类型所在地理位置的分类体系。首先根据最热月温度、最冷月温度和年降水量将赤道至极地分成5个气候带，再根据季节雨量及干旱程度对这5个气候带进行二级划分，之后根据最热月和最冷月的平均温度、温度年较差和湿度进行三级划分。该分类法标准相当严格，数字指标明确，便于应用。柯本气候分类根据最冷月温度、最热月温度和年降水量将赤道至极地划分为五个主要气候带,每组又包含2—4个二级子类。具体分类如表3-2。

表3-2　　　　　　　　　柯本气候带

气候带	特征
热带	$T_{clod} \geq 18℃$
热带雨林气候	$Pdry \geq 60mm$
热带疏林草原气候	$Pdry \leq 60mm \ \& \ Pdry \geq (100 - MAP/25) \ mm$
热带季风气候	$Pdry \leq 60mm \ \& \ Pdry \leq (100 - MAP/25) \ mm$
干带	$MAP < 10Pth$
草原气候	$MAP \geq 5Pth$
沙漠气候	$MAP < 5P$
温暖带	$T_{hot} > 10℃ \ \& \ 0℃ < T_{cold} < 18℃$
夏干温暖气候	$P_{sdry} < 40mm \ \& \ P_{sdry} < P_{wwet}/3$
冬干温暖气候	$P_{wdry} < P_{swet}/10$
常湿温暖气候	既非Cw也非Cf
冷温带	$T_{hot} > 10℃ \ \& \ T_{cold} \leq 0℃$
常湿冷温气候	$P_{wdry} \geq P_{swet}/10$
冬干冷温气候	$P_{wdry} < P_{swet}/10$
极地带	$T_{hot} < 10℃$
苔原气候	$T_{hot} \geq 0℃$
冰原气候	$T_{hot} < 0℃$

注:T_{clod}:最冷月平均气温;T_{hot}:最热月平均气温;P_{dry}:最干月降水量;P_{sdry}:夏季(6—8月)最干月降水量;Pwdry:冬季(12—2月)最干月降水量;P_{swet}:夏季最多雨月降水量;P_{wwet}:冬季最多雨月降水量;MAP:年平均降水量;MAT:年平均气温;P_{th}:若区域夏季降水量大于等于年降水量的70%,则$P_{th} = 2(MAT + 14) \ mm$,若区域冬季降水量大于或等于年降水量的70%,则$P_{th} = 2MATmm$;不足上述比例,则$P_{th} = 2(MAT + 7) \ mm$。

第四节 "建国大纲"中的空间秩序

《实业计划》由孙中山于1919年著成,以呼吁"国际共同发展中国实业"。当时正是第一次世界大战结束，他估计西方国家将有大量剩余资金可提供中国借贷用于经济建设，这是中国发展经济的良机。《实业计划》是以国家工业化为中心，实现国民经济全面近代化的纲领性建设计划，共分为六大计划，其中包括：在我国北部、中部、南部沿海各建世界先进水平的海港；修筑十万英里长的六大铁路系统；修筑百万英里长的公路网；治理、疏浚长江、淮河、黄河等内河水系；大规模移民开发边疆；全面开采煤、铁、石油、有色金属等矿藏；建设各种轻重工业，以近代化生产方式改造农业，对衣食住行等涉及民生各方面建设的规划。《实业计划》的目的是要通过国际互助发展实业、振兴中华。

第五节 《区域经济地理学的学科理论与实践》中的空间秩序

苏联的经济区形成与发展历史较早。1920 年，苏俄制定和实施了第一个经济发展长期规划——《全俄电气化计划》，也是苏维埃国家社会经济和科技发展的战略方案，目的是恢复和发展工业，尤其是重工业，为社会主义建设创造前提和条件，被列宁称为"第二个党纲"。苏联经济区划理论是以马克思关于劳动地域分工的理论为基础，在《全俄电气化计划》和后来第一个五年计划（1928—1932 年）的基础上形成的，且苏联"一五"计划在方法论角度上与国家电气化计划有着密切关系。《全俄电气化计划》从动力原则等出发，将苏联划分为 8 大经济区，形成以指导生产力的建设布局。1922 年又划为 21 个基本经济区，组成全苏一级的基本经济网。20 世纪 30 年代，苏联国家计委直接领导苏联经济区划工作，考虑到经济和民族相结合的原则，又将全苏基本经济区并为 13 个，1963 年经多方调研后改为 18 个，1982 年在苏联部长会议中决定将西北区一分为二后，调整为 19 个，并另附摩尔达维亚地区。

苏联地域生产综合体是按地区组织生产力进行划分的，以开发自然资源为主要目标，配套建设基础设施、深度加工和社会服务业，形成具有全苏意义或地区意义的产品基地。每个地域生产综合体都有自己的专业化方向，但并无统一的模式。这一概念早在 20 世纪 20 年代就已提出，从1930年决定组建乌拉尔—库兹巴斯煤炭和钢铁联合企业开始，到20世纪50年代开发西西伯利亚、70年代沿贝阿铁路开发远东等，都采用地域生产综合体的形式。地域生产综合体在建设过程中要在国家计划上体现，其建设周期一般为15—20年，与五年计划前期文件生产力发展与布局总方案相衔接，并通过各五年计划具体实施，尤其是在苏联"九五"计划（1971—1975年）和"十五"计划（1976—1980年）期间，苏联在欧洲区和中亚区陆续组建众多地域生产综合体。具体划分结果如表3-3和表3-4。

表3-3　　　　　　　　　　苏联经济区沿革表

时间	背景	方案
1920年	《全俄电气化计划》制定	八大经济区：北方、中央、南部、伏尔加河流域、乌拉尔、西西伯利亚、高加索、远东经济区
1922年	苏联经济区划理论、原则、方法首次提出	全苏21个基本经济区：欧洲12个区（西北、东北、南部、中央工业、维亚特卡—韦特卢加、乌拉尔、西南、南部矿业、中央黑土、中伏尔加、东南、高加索）；亚洲9个区（西西伯利亚、库兹涅—阿尔泰、叶尼塞、勒拿—安加拉、雅库特、西吉尔吉斯、东吉尔吉斯、土尔斯坦、远东共和国）
20世纪30年代后期	苏联国家计委直接领导经济区划工作，进行经济—行政区划试点	欧洲调整为7个区（中央、西北、北部、南部、北高加索、伏尔加河流域、乌拉尔）；亚洲调整为6个区（外高加索、哈萨克、中亚、西西伯利亚、东西伯利亚、远东区）
1963年	围绕经济区划基本理论并对各个区域实地调查	苏联新划分为18个基本经济区：欧洲12个（中央、中央黑土、伏尔加—维亚特卡、西北、伏尔加河流域、北高加索、乌拉尔、顿涅茨—第聂伯河流域、西南、南方、白俄罗斯、波罗的海沿岸），亚洲6个（外高加索、西西伯利亚、东西伯利亚、远东、哈萨克、中亚）、摩尔达维亚区

续表

时间	背景	方案
1982年	考虑西北经济区东西部分经济地理类型、部门组合特点及发展方向不一致	将1963年的西北区划分为西北区与北方区；将原属伏尔加河流域经济区的巴什基尔自治共和国划归于乌拉尔经济区，其余则与1963年一致

表3-4　苏联主要地域生产综合体沿革表

地域生产综合体名称	位置	主要专业化部门
季曼—伯朝拉	北方区东部	能源、森林工业
奥伦堡	南乌拉尔	天然气开采加工、天然气化工
下卡马	卡马河下游	石油化工、汽车
库尔斯克	中央黑土区西南部	钢铁、机械、化工
秋明	西西伯利亚西北部	石油与天然气开采、石油化工
库兹巴斯	西西伯利亚东南部	煤炭、钢铁、机械、化工
克拉斯诺亚尔斯克	东西伯利亚中南部	能源、炼铝、化工、机械
萨彦	东西伯利亚西南部	能源、炼铝、化工、机械
布拉茨克—乌斯季伊利姆斯克	东西伯利亚东南部	能源、炼铝、林产化工、森林工业
下安加尔斯克	东西伯利亚中南部	水电、森林工业、有色冶金
南雅库特	远东南部	煤炭、钢铁、有色及非金属开采、森林工业
巴甫洛达尔—埃基巴斯图兹	哈萨克东北部	能源、铁合金、炼铝、石油加工与石油化工、机械
卡拉陶—江布尔	哈萨克南部	化肥工业
曼格什拉克	哈萨克西部	石油与天然气开采加工、石油化工
南塔吉克	中亚东部	水电、炼铝、电化学、化工、灌溉农业

第六节　《本国地理》中的空间秩序

1926年，中国人文地理学家张其昀在其编著的新学制高级中学教科书——《本国地理》中，提出"按自然—人文综合分区"的地理综合区划思想和方法，破除省界因素，就地形、水利、气候、物产、人口、语言、都市、交通、风俗、历史等要素分析，对中国进行综合地理区划，将中国地理环境特别是自然地理环境划分为23个（地理）区。具体结果如表3-5。

表3-5　　　　　　　　　　中国天然区域划分表

天然区域	地位与地形	政治区域
黄河三角洲	黄河下游之冲积平原（东接泰山，西据潼关，北距太行，南临秦岭、淮水）	山东西部、河南中部、安徽北部、江苏北部
太湖区域	大江中流（自宜昌至芜湖）之大湖系统（北抵秦岭，南抵五岭）	湖北南部、湖南全省、江西全省、安徽中部
大江三角洲	大江下流之冲积平原（北邻淮水，南届钱塘）	江苏南部、浙江西北部
东南沿海区	杭州湾以南，汕头湾以北，武夷山仙霞岭以东之沿海山地	安徽东南隅、浙江东南部、福建全省、广东东隅
珠江三角洲	珠江下流之冲积平原	广东中南部之一部分
岭南山地	南岭之南，西江北江东江三大流域	广东北部、广西全省
海南岛	海南岛与雷州半岛附近之沿海区域	广东西南部
云贵高原	长江西江之间海拔四千尺至六千尺之高原	贵州全省、云南东南部
西南三大峡谷区	横断山脉中金沙江、澜沧江、怒江三大溪谷	云南西北部、西康全省、川西南部
四川盆地	秦岭之南，苗岭之北，巴山之西，邛崃之东，岷江与嘉陵江流域之盆地	四川省
秦岭汉水区	汉水上流（襄阳以上）之山地	湖北西北部、河南西南部、陕西南部
陕甘盆地	陇山以东，潼关以西，渭水流域之盆地	陕西北部中部、甘肃东南部
黄河上流区	宁夏以上之黄河流域	甘肃中部、宁夏东南部、青海东部
山西高原	北临长城，西濒黄河东南以太行山为界，高度二千五百尺至五千尺	山西省
海河流域	北距长城，南抵黄河，西连太行山，东临渤海，北部为燕山山地，南部为海河冲积平原	河北省与河南、山东二省河北之地及察哈尔南部

续表

天然区域	地位与地形	政治区域
关东草原	满洲之平原带	东三省之腹地
白山黑水区	满洲之山岳带外兴安岭与长白山	东三省之边疆
塞北草原	长城以北、沙漠以南之高原（高度四千尺）	内蒙古与热河、察哈尔、绥远三省
外蒙古高原	沙漠以北与安岭以西、阿尔泰山以东之高原	外蒙古四部、科布多唐努乌梁海
准噶尔盆地	在阿尔泰山之南、天山之北	新疆省之天山北麓
塔里木盆地	在天山之南昆仑山之北	新疆省之天山南麓
西藏高原	在昆仑山之南、喜马拉雅山之北（高度五千尺）	西藏及青海西南部
东北二大半岛	山东半岛和辽东半岛，山东半岛大抵在黄淮流域外，辽东半岛亦超然于辽河与鸭绿江水系之外	山东与辽宁

第七节 《中国资源科学学科史》中的空间秩序

1929 年，竺可桢发表"中国气候区域论"，标志着中国现代自然区划的开端，高度重视和反映非地带性自然地域分异因素在中国气候分异中的作用，具有中国三大自然区的雏形，并将中国划分为 8 个以气候要素为主的自然地理区。该区划方案系统性较强，简便易懂，常为地学家所依据，并传播到国外，是中国现代综合自然地理区划萌芽。具体划分结果如下：中国南部类、中国中部或长江流域类、中国北部类、满洲类、云南高原类、草原类、西藏类、蒙古类。

第八节 "中国区域地理"中的空间秩序

1. 概况

葛德石在中国地理考察的基础上，1930 年在 *The Geographic Regions of China*（《中国区域地理》）正式提出他的中国地理分区，他将中国分为 15

个区域，并详细讨论了区域的划分依据及区域特征。葛德石利用最新数据制作相对精确的中国底图，在此基础上将中国划分为 15 个区域，将总体与区域结合展开论述。其次，葛德石为每个区域提供了翔实的人口、气候、耕地、贸易、矿产等统计资料，并试图理解每个区域的现实与问题。葛德石将总体与区域地理结合，以科学的地理方法与长期的实地考察来解读中国的方式，赢得国际学界的一致好评。在 1923 年到 1929 年 6 年的时间里葛德石多次到中国各地考察，除云南、四川、西康、福建外，足迹所至达 20 余省。1932 年，葛德石的书稿准备在上海出版时，被战乱所毁。1934 年，经过葛德石再次编撰，在纽约出版，命名为《中国的地理基础》，此书原为英文版本，1945 年，此书的总论部分（前六章）经薛怡源译后在开明书店印行，定名为《中国的地理基础》，1947 年该书的分论部分（七至二十一章）发行，该部分均为区域地理，定名为《中国区域地理》。葛德石对中国景观区域的划分舍弃政治的界线，而是依据经济与环境的特征，这并非他所首创，葛德石的贡献在于划分更为合理，其所合理之处正是地理学中更紧密的一点，即人与地的关联性。这本书在战乱中诞生，充分的考察体验与文献整理，使得本书充满了科学理性和研究对象的亲近性。

2. 结果

依据相关气候区划的原则，该区划将我国划分为 15 个大区：华北平原、黄土高原、山东辽东热河山地、满洲（东北）平原、满洲东部山脉、兴安岭、中亚草原与沙漠、中央山系、长江平原、四川红壤盆地、江南丘陵、东南沿海、两广丘陵、西南台地、西藏边陲。

第九节 《中国形势一览图》中的空间秩序

民国学者童世亨（1883—1975 年）编撰的新版《中国形势一览图》地图集中详细阐述了 1933 年全国行政区划，全书共包括图 26 幅，首图为中华民国全图，后为全国诸省地图，依次为苏、浙、皖、赣、鄂、湘、川、冀、鲁、豫、晋、陕、甘青宁合图、闽、粤、桂、滇、黔、辽、吉、黑、新、热河绥远察哈尔合图、西康、西藏和外蒙古,而南京、上海、北平、青岛的城市地图和各省重要城市的城区图则附于地理位置毗邻或相关省份政区图图幅的空白处。每一幅地图均标有比例尺和经纬度,科学严谨,便于读者阅读。此外,该书附说中指明当时全国商埠一览表等,资料翔实,为当时的中学地理教学提供了客观依据。具体划分结果如表3-1和表3-6所示。

表3-6　　　　　　　　1933年全国商埠一览表

行政区域	埠名
南京市	南京
江苏	镇江、吴县（苏州）、无锡、铜山（徐州）、浦口、东海（海州）
上海市	上海、吴淞
浙江	杭州、鄞县（宁波）、永嘉（温州）
安徽	怀宁（安庆）、芜湖
江西	九江
湖北	武昌、汉口、沙市、宜昌
湖南	长沙、岳阳（岳州）、湘潭、常德
四川	巴县（重庆）、万县
河北	天津、秦皇岛
山东	济南、烟台、潍县、周村、龙口、济宁
青岛市	青岛
河南	郑县（郑州）
甘肃	嘉峪关
福建	闽侯（福州）、思明（厦门）、三都澳、鼓浪屿
广东	广州、汕头、三水、江门、中山港、公益埠、惠阳（惠州）、北海、琼山（琼州）、拱北、九龙
广西	邕宁（南宁）、苍梧（梧州）、龙州
云南	昆明（云南）、蒙自、河口、思茅、腾冲（腾越）
辽宁	沈阳（奉天）、营口、葫芦岛、安东、大东沟、凤城（凤凰城）、辽阳、新民、铁岭、通江子、法库、大连、辽源（郑家屯）、洮南
吉林	永吉（吉林）、长春、滨江（哈尔滨）、宁安（宁古塔）、依兰（三姓）、珲春、延吉（局子街）、龙井村、头道沟、百草沟、东宁（绥芬河）

续表

行政区域	埠名
黑龙江	胪滨（满洲里）、龙江（齐齐哈尔）、呼伦（海拉尔）、瑷珲
新疆	迪化（乌鲁木齐）、绥定（伊犁）、塔城（塔尔巴哈台）、疏勒（喀什噶尔）、哈密、奇台、吐鲁番
热河	赤峰
察哈尔	万全（张家口）、多伦（多伦诺尔）
绥远	归绥（归化）
外蒙古	库伦、恰克图、科布多、乌里雅苏台
西藏	亚东、江孜、噶大克

第十节 《地理学通论》中的空间秩序

1934 年，地理学家傅角今在其编著的高中地理教本《地理学通论》中，将地表水圈划分为"五洋"，分别为太平洋、大西洋、印度洋、北冰洋、南冰洋；又根据海的位置不同，普遍将世界的"海"分为五类，分别为内陆海、缘海、地中海、湾海、间海。具体结果如表 3-7。

表 3-7　　　　　　　　世界海洋划分表

名称	位置	备注
太平洋	亚澳美三洲之间	西经 67°16′子午线过南美合恩角，为太平洋与大西洋界线
大西洋	欧非美三洲之间	东经 20°1′线过非洲南端阿姑尔哈斯角，为印度洋与大西洋界线
印度洋	亚澳非三洲之间	东经 146°53′线过澳洲[①]南方塔斯马尼亚之南西角，为太平洋与印度洋界线
北冰洋	北极圈内	可视为大西洋之支海
南冰洋	南极圈内	无天然界线
内陆海	位于大陆内部，全为陆所闭塞，不与大洋相通	里海、咸海等

---

① 傅角今：《地理学通论》，商务印书馆 1934 年版。

续表

名称	位置	备注
缘海	大陆周边以列岛或半岛间，所含盐分较少	中国东海、日本海、鄂霍茨克海等
地中海	介于大陆之间以一或二三海峡与外海相通，内部富岛屿，沿岸多曲折	欧亚非三洲之间地中海、黑海、红海、墨西哥湾、哈德逊湾、波斯湾等
湾海	常作半圆或长形，湾入陆地，其口张向大洋且广	阿拉伯海、孟加拉湾、大澳大利亚湾、几内亚湾等
间海	位于两陆地之间，为联络二海之隘海，亦名水道、海峡	莫桑比克海峡、大卫海峡、英吉利海峡等

第十一节 "中国人口之分布"中的空间秩序

1. 概况

胡焕庸指出，过去研究中国人口问题者，大多偏重于纯粹数字之追求，绝少注意于地理背景，研究其分布之稀密者，要知各区地理情况不同，则其所能容纳人口之数量，将有极大之差别。普通推算人口之密度，大多根据政治单位之面积，如一国、一省、一县等，此种方法，往往具有极大之错误。我国面积辽阔，各地自然情况颇多差别。过去研究我国人口问题，而制有人口分布地图者，有若干人，均仅应用"绝对法"或称"点子法"，即以点子代表定量人口，以示其分布之情形，从未有应用"比较法"或称"等级法"以表示人口之密度者。胡焕庸除正搜集各县以乡镇为单位之人口统计，以制作各地之精密人口地图以外，现为表示全国人口分布之概况，因先利用县单位之人口统计，以作成全国人口之分布与密度图，借此作全国人口分布之初步研究。

2. 结果

该人口统计，均以县区为单位，根据而作之人口图，计有二纸：一分布图，二密度图。分布图以每点代表2万人，此在人口稠密之区，其代表数尚嫌过少，因此多有互相重叠之处；唯在人口稀少之区，则代表数殊嫌过大，如在内蒙古、新疆、西藏各地，绝少有2万人密集于一处者。

　　密度图计分八级，其最高级每平方千米在400人以上，唯实则第一级之区域，其人口密度，竟有在600左右者，如长江三角洲、之江喇叭口与成都平原各部均是此等区域，即使除去一部分之都市居民，其人口密度，亦在五百左右，此可为纯粹稻作平原密度之代表。作者利用更精密之方法，研究江苏江宁之人口，发现秦淮河谷稻作区域，其每平方千米之密度，亦在500左右。

　　自第一级降至第二级，每平方千米之人口数相差颇远，河北平原与豫东、鲁西之黄河冲积平原，其人口密度约在300左右。此区与长江三角洲虽同系冲积平原，唯北方气候干燥，普遍作物以旱粮为主，田亩产量不若南方之丰，因而生活于斯之人口，遂亦较南方稻作平原为稀。作者利用较精密之方法，研究江苏铜山县之人口密度，发现栽植旱粮之平原地带，其人口密度每平方千米亦在300左右，与全部华北平原所得之结果相同。第二级之人口，亦有属于南方之稻作河谷者，如长江中游与四川盆地内各河流域均是。

　　第三级代表自150—250人之密度，局部平原或兼有丘陵式之区域属之。最著者如长江沿岸、赣江沿岸、湘江沿岸、汉水沿岸、渭水沿岸、汾水沿岸、西江沿岸各地均属之。淮河流域虽属于平原地形，然与黄河下游之情形殊不同，其地系侵蚀平原，而非冲积平原，土层浅而较瘠，又因淮水失治之故，时有泛滥之患，因而与北部平原虽同属于旱粮区域，然而人口密度，较之北方颇见逊色，普遍在200左右，其低者乃在100—150人。

　　第四级密度在100—150人，此在南方已属于丘陵地带，如两广之间、赣湘之间、浙皖之间、豫鄂之间以及四川盆地内各丘陵地均是；唯在北方，则松辽平原之人口，亦适与此相当，松辽平原气候寒冷，月平均温度在冰点下者达5个月以上，冬季作物几已绝迹，田亩年仅一熟，因此人口殊稀，较之河北平原以南之冬麦区与江南之稻作区，其人口密度之相差，固不可以道里计矣；草原带之桑乾河流域，亦属春麦带，其密度与松辽平原同。

第五级之人口密度,每平方千米在 50—100 人,长江流域以南诸山地均属之,东起浙江之天台,西迄云南高原之东边,旧所称为南岭山脉各地均属之;其在北方,则有泰山山地、晋豫间之黄河河谷以及黄河河口之含碱三角洲等地,其密度均属于第五级。

第六第七级之人口,每平方千米在 50 人以下,多限于较高之山地与高原,如云南、贵州、广西、福建、陕西、秦岭山地、大巴山地、千山、长白,以及热河、察哈尔之南部均属之。

第八级之人口,每平方千米在 1 人以下,其分布之区域甚为辽阔,西藏高原连西康、青海在内,内蒙古高原以及新疆均属之。

东南半壁之人口,其分布亦殊不一致,人口集中之地,仅限于少数区域,兹约举之如下:

(1) 长江三角洲与之江喇叭口人口平均密度,介于 400—500 人之间,两地人口总数约计达 2500 万(江苏江南自镇江以下约 1200 万,江北沿江自江都以东约 500 万,浙江杭州湾两岸约 800 万),是全国人口最密之区。

(2) 北部平原,北起河北平原,南经鲁西、豫东以迄江苏之徐属,安徽之颖属,其人口平均密度约在 300,全区人口总数,约计共 7000 万,是全国人口最多之区。

(3) 四川盆地,位于四川中部,其四周地形俱在 1000 米以上,中部盆地,则俱在 1000 米以下。盆地以内,人口总数约 4000 万,各地密度颇不一致,最密者如成都平原,每平方千米达 600 人左右,与长江三角洲人口最密各县不相上下;其次各河谷附近,人口密度在 300 人左右;盆地内之丘陵地带,则在 100—150 人,此为内地各省人口最多之区。

(4) 东南沿海各河三角洲,北起浙江三门湾,南迄广东珠江口,其间地形西高东下,河流短促而陡峻,唯河口三角洲,有极肥沃之平原,虽其面积不大,唯人口极密;浙、闽、粤三省内地,人口密度大多在 500—100 人之间,福建西部,竟有低达 50 人以下者,唯诸河河口小三角洲,则其密度多在 400 人以上,唯皆零星散布,不相连续耳。

（5）局部河谷平原，如长江中游以及汉水、湘水、赣水、之江、西江、渭河、汾河各局部平原，其人口密度约在150—250人，长江中流有高达300人左右者，唯面积并不过广。

东南半壁除上述各地以外，人口俱极稀少，如东北之松辽平原与南方之丘陵地，其人口密度俱在100—150人；南岭各山地，人口多在50—100人（此区如作更精密之研究，则当分别为河谷地带与纯粹山地，前者之人口应较后者为密），云南高原、山陕黄土高原、阴山南坡以及东北之嫩江平原与吉东山地等其密度更多在25人以下，是为东南半壁人口最稀之区。

第十二节 "中国气候区域"中的空间秩序

1936年，涂长望在竺可桢的气候区划基础上加以补充而完成，将全国划分为8个类型区：满洲类、蒙古类、华北类、华中类、华南类、华西类、西藏类、西藏东南部。具体结果如表3-8。

表3-8　　　　　　　　中国气候区域

气候主区	副区
满洲类	兴安山地、开东平原、长白山地
蒙古类	垦殖草原、游牧草原、沙渍草原、沙漠及山地之寒带气候区域
华北类	华北大平原、黄土高原
华中类	长江下游、长江中游、四川盆地、杭州湾
华西类	秦岭山地区域、四川西部与西康之高山区域、西南高原
华南类	东南沿海、西江流域、海南岛
西藏类	藏北类、藏西类、青海类
西藏高原东南部	无

第十三节 《山东植物区系地理》中的空间秩序

黄秉维于1940—1941年从生态学的观点，以 J. Thorp 的14个中国植物生态区为主体，划分中国植物为 26 个区，具体区划结果如表 3-9。

表 3-9　　　　　　　　　中国植物区划结果

植物区	地区
中亚砂碛区	
中亚沙漠区	
短草草原区	
高草草原区	
蒙新山地植物区	叶尼塞河上游山地
	阿尔泰山山地
	天山山地
	昆仑山、阿尔金山、狼山及贺兰山
西藏高寒沙漠区	
青藏高地草原区	
青海高原短草混合草原区	
岷山西倾草地森林混合区	
喜马拉雅山地植物区	
西藏东南谷地植物区	
东北森林区	
东北草地区	
华北森林区	
黄土草原区	
华中山地森林区	
南岭山丘森林区	
四川盆地森林区	
川黔高地森林区	环绕四川盆地之高山
	贵州及滇东、桂西之高地
	闽浙交界之高山
川康边山森林草原混合区	
云南高原森林区	亚热带
	温带
	高山带
粤桂中部森林区	

续表

植物区	地区
海南热带植物区	
水草田区	
盐生植物区	
冲积平原植物区	

第十四节　豪斯浩弗"泛区思想"中的空间秩序

　　1941年,豪斯浩弗列出的主要泛区思想有泛美、泛亚、泛俄罗斯、泛太平洋、泛伊斯兰以及泛欧思想。这些泛区思想的地域范围最初是模糊不清的,通过区域核心使泛区向外扩展,使其空间具体化。最后,大生存空间形态的轮廓清晰明了,这时可以预期会产生一种新的世界秩序。在1941年德国进攻苏联以前,德国地缘政治学家所划分出的世界泛区有四个:(1)泛美区:南、北美洲联合,以美国为主导;(2)泛亚区:从东北亚、东南亚至澳大利亚实现联合,以日本为主导;(3)泛欧区:欧洲与非洲,以德国为主导;(4)泛俄区:以苏联的领土加西南亚及印度,以苏联为主导。豪斯浩弗的这种生存空间的设计,实际上是以大国列强为中心重新划分势力范围的设想。这种泛区划分对于战前德、意、日轴心国的世界战确有一定影响。

第十五节　李四光"中国自然区划"中的空间秩序

　　李四光提出和阐述以地貌为主的中国(自然)区划,他将中国划分为西藏高原、准噶尔和塔里木盆地、内蒙古草原、山东半岛、华北平原、山西高原、陕西盆地、甘肃走廊、长江下游谷地、东南沿海区、长江中游盆地、四川红盆地、贵州高原、广西台地、西南高地和西康群山等19个(自然)地理区。

第十六节 《中国粮食地理》中的空间秩序

吴传钧在 1942 年出版的《中国粮食地理》中提出了中国粮食区域划分，后于 1943 年的中国地理学会第五届年会进行了讨论，根据谈论结果和当时的统计研究，将全国划分为 10 个粮食区，分别为西北干地草田区、黄土高原杂作区、四川盆地交作区、西南高地稻作区、东南洋米内销区、长江稻米输出区、华北平原冬麦区、东北杂粮外销区、塞外粮作边缘区和康藏高原青稞区。

第十七节 "六大工业区划"中的空间秩序

1944 年，任美锷以韦伯工业区位理论、孙中山工业区位思想为理论依据，结合中国经济地理特点及中外工业布局实践，进一步完善了工业区划的原则，特别是将经济利益与国防安全两者"兼筹并顾"，较为系统、全面地探讨 20 世纪 30—40 年代抗日战争后期中国工业化进程中的工业布局问题，在综合考量行政地理、经济条件和国防安全三类因素后，于 1944 年将我国 28 个省按行政地理区域工业区进行重新划分，得到了 6 大工业区的区划方案，基于工业特质与区域资源环境，规划了各区最适宜发展的多项重点工业门类。具体结果如表 3–10。

表 3–10　　　　　　　任美锷倡导的六大工业区划方案

工业区域名称	所辖省域范围	经济条件特点	工业布局重点
东北区	辽宁 吉林 黑龙江 热河	铁矿储存居全国之首；煤矿资源丰富，适于炼焦；森林资源丰富；水力资源较丰富	钢铁工业 人造丝工业 造纸工业

续表

工业区域名称	所辖省域范围	经济条件特点	工业布局重点
华北区	察哈尔 绥远 河北 河南 山东 山西	煤矿储量居全国之首；铁矿资源较贫乏；全国最大产棉区；华北平原人口稠密	钢铁工业 化学工业 棉纺织工业 面粉工业
西北区	陕西 甘肃 宁夏 青海 新疆	石油储量居全国之首；大部为畜牧区，羊产量及羊毛产量居全国之首；渭河平原为新兴产棉区	炼油工业 毛织业 畜产品加工业 棉纺织工业
华中区	湖南 湖北 安徽 江西	地处长江中上游，水路运输便利；有色金属（钨、锑、铅、锰）资源丰富；煤铁资源较丰富	国防钢铁工业 电器工业 轻工业
东南区	江苏 浙江 福建 广东	煤铁资源极贫乏；人口密，购买力强，为全国最大市场；地处沿海，多良港	轻工业（棉纺织工业、缫丝和丝织业）造船工业 钢铁工业
西南区	四川 西康 贵州 云南 广西	煤矿资源贫乏；水力资源异常丰富；铝矿资源丰富；化工原料丰富；铜矿资源为中国仅有；森林资源丰富	电冶工业 电化工业 军火工业

第十八节 《中国人地关系概论》中的空间秩序

《中国人地关系概论》（*An Overview of Man-land Relationship of China*）地理学著作由张其昀著，由大东书局1947年出版。本书主要以中国的地势差异为划分基础，将中国划分为平原地带、丘陵地带、高原地带及高山地带4大地域单元。

第十九节 "中国地理区域之划分"中的空间秩序

1947年,李旭旦撰写的"中国地理区域之划分"汲取了当时国外地理学区划的理论方法和经验,并充分运用了国内各方面有关的科研成果,选择地貌、水文、气候、土壤、植物、土地利用和农业7项指标,把自然和人文因素综合起来,将中国划分为12个大区。

中国李旭旦受邀开始(至1947年)在美国马里兰大学地理系任访问教授,研究班讲授中国地理和经济地理等课程,指导该系研究生。后完成的"中国地理区之划分"发表在《美国地理学家协会汇刊》。该文将自然地理要素和人文地理要素综合起来进行中国综合地理区划。1947年发表的"中国地理区之划分"一文,吸取了当时国外地理学区划的理论方法,以综合考察地貌、气候、水文、土壤、植被等自然要素和人口、经济、民族、文化等人文要素,提出了综合地理分区的方案,这一成果在当时具有开创性的理论和实践意义,体现了他在区域地理研究上的统一地理学思想。

第二十节 《重划中国省区论》中的空间秩序

1948年,中国地理学家傅角今著《重划中国省区论》,系统阐述了"缩省"方案。在划省原则上,他主张以自然地理特征、历史因素及经济发展远景特征,省区数目亦较当时30省为多,将中国划分为56省,2地方,12直辖市,且每一新省区,皆概述位置、境界、地理特征,并附一简图。

傅角今在《重划中国省区论》中阐述:"重划省区必须顾及历史背景、山川形势、经济发展、防卫需要、文化程度及人力财力等综合条件,权衡其轻重以符合建省之目的。"具体结果如表3-11。

表 3−11　　　　　　　重划新省区概况表

省名	省会
江苏	镇江
浙江	杭州
四明	临海
皖江	怀宁
淮运	徐州
鄱阳	南昌
赣江	赣县
江汉	武昌
湖湘	长沙
沅澧	沅陵
荆夔	恩施
嘉陵	南充
岷沱	成都
泸叙	宜宾
闽海	福州
潮厦	厦门
成功	台北
粤海	南海
桂柳	桂林
南宁	邕宁
贵州	贵阳
滇东	昆明
滇西	大理
安越	石屏
靖远	孟兰
蓟宁	清苑
河北	邢台
胶东	潍县
泰安	济南
河南	许昌
三阳	南阳

续表

省名	省会
河汾	临汾
晋阳	太原
陕西	西安
汉中	南郑
秦兰	兰州
安西	安西
热河	承德
万全	张垣
绥远	归绥
宁夏	银川
青海	西宁
辽宁	鞍山（沈阳）
安东	通化
辽北	辽源
吉林	吉林
松江	牡丹江
合江	佳木斯
嫩江	齐齐哈尔
龙江	北安
兴安	海拉尔
天北	迪化
天南	疏勒
西康	康定
金沙	昌都
西藏	拉萨
蒙古地方	库伦
院辖市	南京、上海、天津、北平、青岛、重庆、哈尔滨、大连、沈阳、西安、汉口、广州

第二十一节 《建设地理新论》中的空间秩序

任美锷在中国抗日战争胜利之际，借鉴国外地理学对国家建设的经验基础上，结合了孙中山《建国方略》中"实业计划"的国土开发战略及中国建设之需，于1946年由商务印书馆出版《建设地理学新论》一书，该书的目的是实现地理学，尤其是经济地理学对于战后中国强国之路的指导。主要研究的内容涉及地理区位与产业活动的关系分析、土地资源因地制宜的开发以及铁路系统的规划与社会现实意义；研究主要运用定量统计与定性描述相结合、自然科学与人文科学相借鉴的方法。主要的研究成果是将中国工业中心划分为渤海区、晋北区、松花区、中原区、关中区、兰州区、京沪区、湘鄂区、重庆区、西川区、滇黔区、广州区等十二个区，并对各个区的资源环境优势及产业布局进行详细分析，这对当时及后续中国的工业化发展起到了重要的指导作用。

第二十二节 "中国地理区划"中的空间秩序

1. 概况

1948年，赵松乔对已知的中国地理知识进行归纳和评估，对中国的地理区域进行比较和概括，从而推导出一个相对科学的中国地理区划。

河流系统代表了中国最具特色的文化和自然景观，因此将其作为划分地理区域的主要标准。太平洋流域约占中国总面积的50%，对我国具有重要作用，所有著名的河流，如阿穆尔河、黄河、长江和珠江都流向太平洋。内陆排水系统分布广泛，至少占中国总面积的39%。北极水系仅限于外蒙古北部和新疆的一小部分，而印度水系仅限于西藏南部，它们分别占总面积的6%和5%。从整体上看，可以划分为9个水文区域或主要的河流流域。

土地形态是第二个标准。从海拔约5000米的帕米尔高原向东到太平洋，土地呈阶梯状下降。第一个台阶的边缘与3000米等高线相对应；第二个台阶（最广泛的台阶）的边缘与 500 米等高线相对应；第三级形成了中国的大平原，它上升到第四级，即沿海山地；然后，它下降到中国海域，并在台湾和琉球群岛再次上升。中国还有四个主要的东西向褶皱带，每个褶皱带与下一个褶皱带之间大约间隔 8 个纬度：塔努奥拉—康盖山—金台山、阴山、秦岭和南岭。根据纬向褶皱带的格子状分布和经向降阶，并辅以对土地形态的详细研究，初步划分出 22 个地形单元。

气候是第三个标准。中国气候的主要特点是季风性和强大陆性。长城将中国分为两个部分：东南季风区和西北大陆区。1 月，等温线的纬向性显著。与其他纬度相似的国家相比，最突出的气候现象是中国的严冬。7 月的等温线间距较大，一般与海岸线平行。年降水量自东南向西北递减：1250 毫米的年降水量等值线与长江下游河道大致吻合；750 毫米的年降水量等值线位于秦岭—淮河流域；500 毫米的年降水量等值线在大兴安岭和大横山；250 毫米的年降水量等值线在阴山。除台湾东北角和北极排水区外，各地区冬季都比较干燥。暂行的气候分类是根据 Koppen, Chu. Tu 和 Lu 加以修改，以此划分了 10 个主要类型以及 28 个区域。

中国的土壤和植被研究尚未充分，还不足以支撑系统分类。然而，土地利用作为一个显著的地理因素，可将其作为第四个标准。中国拥有四千余年的农耕文明，4.5 亿人中有 75% 以上的人从事农业。然而，耕地仅占我国国土总面积的 8%，另外约 28000 万英亩，即 10% 的可耕地未开发利用。荒地和贫瘠的牧地分布广泛，分别占我国国土总面积的 23% 和 20%。森林砍伐情况严重，现仅有 9% 的土地为原始林地。在农田中，90% 的土地被用于种植，只有 1.1% 的土地用于放牧，而在美国，这一比例分别为 34.1% 和 49%。通过大致沿东北 250 毫米的年降水量等值线和西南 3000 米的等值线，可将中国划分为西北牧区和东南农业区；后者又可细分为北方小麦区和南方水稻区。根据主要作物类型，划分出 12 种土地利用类型。

民族结构和人口密度共同构成了第五个标准。汉族是中国最主要的民族群体，约占总人口的 95%。蒙古族、突厥族和藏族居住在内陆高原和盆地，约占中国土地面积的一半。此外，原始民族的后代生存在偏远和孤立的庇护所。中国的人口分布具有显著不均衡性。从阿穆尔河上的瑷珲向西南到云南西部的腾冲，一条直线将中国分为两部分：西北部分占土地总面积的64%，但仅占人口总数的4%；东南部分占土地总面积的36%，但占人口总数的96%；在西北地区，人口密度一般低于每平方千米1人，民族结构起着更重要的作用；而在东南地区，汉族人占主导地位，人口密度成为首要问题。根据这两个人种要素，定义了16个区域。

2. 结果

将上述五个标准分别以5张地图进行可视化，当这5张地图相互叠加时，所形成的地图就意味着一个合成的地理现象。在合成地图的背景下，通过评估主要构成因素的相对重要性，初步将中国划分为7大区以及22个地理区域。

表3-12　　　　　　　　　　中国地理区域划分

区	地理区域
Ⅰ. 阿穆尔—辽河流域	1. 东北平原（满洲里平原）
	2. 东北山区（满洲里山区）
	3. 大兴安岭
Ⅱ. 黄河盆地	4. 黄河三角洲（华北平原）
	5. 山东半岛
	6. 黄土高原
Ⅲ. 长江流域	7. 秦岭地带
	8. 长江三角洲
	9. 湖区
	10. 四川盆地
Ⅳ. 东南沿海和珠江流域	11. 东南沿海
	12. 台湾
	13. 南部山区（梁关山）
	14. 西南高原（云贵高原）

续表

区	地理区域
Ⅴ. 西藏高原	15. 大峡谷地区
	16. 青藏高原
	17. 柴达木和可可诺尔盆地
Ⅵ. 内部盆地	18. 河西走廊（翡翠走廊）
	19. 塔里木盆地
	20. 准格尔盆地
Ⅶ. 蒙古高原	21. 河西走廊（翡翠走廊）
	22. 塔里木盆地
	23. 准格尔盆地
	24. 内蒙古
	25. 塔努—图瓦和色楞格盆地

第二十三节 《中国气候区域新论》中的空间秩序

1949 年，卢鋈以 1 月 −6℃ 等温线、1 月 6℃ 等温线 750mm 年雨量线和 1250mm 年雨量线四条等值线作为区划的重要标准，将全国划分为 10 个气候区，每区之下再分若干副区：①东北区（4 个副区），②塞外草原区（2 个副区），③新疆山地区，④西北荒漠区（6 个副区），⑤华北区（2 个副区），⑥华中区（5 个副区），⑦华南区（2 个副区），⑧海南区（2 个副区），⑨华西区（4 个副区），⑩西藏区。

第四章
空间秩序：公元 1949—1959 年

第一节 中国"一五"计划中的空间秩序

第一个五年计划，简称"一五"计划（1953—1957），是在党中央的直接领导下，由周恩来、陈云同志主持制定的，1955 年 7 月经全国人大一届二次会议审议通过。至 1957 年，"一五"计划超额完成了规定的任务，实现了国民经济的快速增长，并为我国的工业化奠定了初步基础。其中与空间秩序相关内容有：

我国原有工业的地区分布是很不合理的。据 1952 年的统计，沿海各省的工业产值占全国工业总产值的 70% 以上。逐步地改变旧中国遗留下来的这种不合理的状态，在全国各地区适当地分布工业的生产力，使工业接近原料、燃料的产区和消费地区，并使工业的分布适合于巩固国防的条件，逐步地提高落后地区的经济水平，这是有计划地发展我国国民经济的重要任务之一。

五年基本建设计划，对地区的分布作了比较合理的部署：一方面合理地利用东北、上海和其他城市的工业基础；另一方面则积极地进行华北、西北、华中等地新的工业基地的建设，在西南开始部分工业建设。同时，根据这种工业部署的方针，现在关于城市建设的任务不是发展沿海的大城市，而是要在内地发展中小城市，并适当地限制大城市的发展。

到第二个五年计划完成的时候，我国不但将加强东北的工业基地，而且还将有分布在华北、西北和华中各地区的一些新工业基地。

第二节 《中国地质学》中的空间秩序

李四光等认为某一个区域的地形,可以代表那一个区域在以往地质时代中所受的各种构造和侵蚀作用的综合结果,现存地表的表征常可作为推求地区演变的良好根源,因此在讲述中国地质史之前,必须阐述中国自然地理的梗概。他在科学认识中国各地区差距和特征,借鉴、吸纳已有的自然区划基本理论与区划方法后,根据一定的划分标准,将全国划分为18个自然区。该18个自然区,区划结果如下:

1. 西藏高原

西藏是一个梨状的大高原,平均高度在5000英尺以上,全部高原在各方面被剧烈褶皱的山脉围绕着,并且由东向西延长,成弯曲排列的山脉横贯其中,此等山脉有些可见于普通地理学中的山系,它们的地质构造大部分尚未明确。高原北部的山脉多为东西走向,南部的主要山脉则大致沿喜马拉雅山脉延伸。

2. 准格尔和塔里木盆地

新疆被天山山脉分为两大盆地。南面的盆地是塔里木盆地,人口聚集在盆地西部边缘,尤其在喀什噶尔河流域,这条河是向沙漠奔流而注入塔里木河。北面的盆地是准格尔盆地,西部与东部比较开阔,分别与吉尔吉斯斯坦和蒙古国相通。

3. 辽吉松黑平原

由蒙古高原东部边缘降入东三省是低下一大截的,这块低地在大兴安岭之前分别向东北和西南两方向延展,可以称为辽吉松黑平原,像华北平原那样平坦。辽吉松黑平原的北界,是天然地被西北东南方向延长的山脉划分出来的,山脉名为小兴安岭,并向西南方向逐渐降低至松花江西岸而完全不见。

4. 辽吉山地

辽吉松黑平原以东或东南地带,整个逐渐向东和东南两方上升,比较高的地位于山地的东北部。

5. 山东半岛

山东半岛位于渤海海口的南岸，它与北面向南突出的辽东半岛相对而立，这种排列从战争和商业来看，确实可以决定华北的命脉。

6. 华北平原

辽吉松黑在渤海向西南延展，造成更宽阔的华北平原，包括河北省全部、山东西部、河南平原大部分以及安徽北部，最后的一个地方和江苏北部构成这个大自然的一小部分，及其向东南的伸出地带。

7. 山西高原

恰好和辽吉松黑平原向西升到大兴安岭一级，和蒙古高原一样，华北平原也沿着太行山而升入山西高原。实际上，太行山代表着山西高原的一个边缘，因此应视为山西高原的一部分。山脉的东南段和中段比较简单。

8. 陕西盆地

9. 甘肃走廊

在六盘山以西展开着一个入口颇多的三角形地带，南面以沿着秦岭北麓奔流的渭河上游为界，西北以向东北迁曲的黄河上游为界，东面则有六盘山。

10. 长江下游泽地

在入海以前，长江流经一个所谓"扬子三角洲"的地域，这个地区是大致呈三角形的低地，但并非真正的三角洲。在这个区域内湖沼相当多，其中以太湖最大并且最重要。

11. 东南滨海区域东南丘陵区

12. 长江中游盆地

一个华北平原和辽吉松黑平原同类的地势，在秦岭之南、长江中游展开。这个区域包括两个湖沼盆地：洞庭湖和鄱阳湖及其邻近地区。还有湖北、湖南、江西诸省及安徽省南部，在华中构成一个低地，西面对照着贵州高原东北凸出部分，东南则有东南山区。

13. 四川红色盆地

溯长江而上，在湖北西部，宜昌城的西郊，就可以遇到长江中游盆地的西界，长江中游盆地的丘陵和平原至此为高山所代替。长江穿过此等山岳，切成许多绝壁的山峡，山峡向东北延长，与大巴山东端的伸出部分相连，向西南延长与来自贵州东北部和湖南西北部的山脉相遇。一个由红色岩石所构成的大平原在长江三峡以西的地方展开，这就是有名的四川红色盆地。

14. 贵州高原

相对着四川红色盆地的下沉地带，贵州高原在东南方升起。若将红色盆地与华北的陕西盆地相比，则华南的贵州高原便可以与北方的山西高原相当。高原北部多山，至中部山势则陡然散开。南部以南岭中段为界，与广西台地分离，西部则有升起更高的西南高地。

15. 南部滨海区

广东省自己构成一个地理单位，被一组特殊的条件区别出来。它因为南岭山脉，由长江中游盆地分割出来。

16. 广西台地

广西与广东被西江连接着，因此就人文地理而言，它多少受广东的影响；但广西地势较高，且有一个完全不同的风景。

17. 西南山地

云南山地的特点就是高山或者高原，常被急湍的河流很深地切割着。西北部的山岳多高出雪线以上，那里有怒江和澜沧江向南奔腾着。云南地势向东南方向逐渐递减，甚至最后形成开阔的平地和局部的盆地。

18. 西康群山

在这个广大的山岳中，所做的调查仍然很少，山脉一般向南北延长。

第三节 《我国经济地理区》中的空间秩序

1. 概况

褚绍唐在1953年出版的《我国经济地理区》一书中，科学认识全国各地区自然环境以及经济文化的差异性的基础上，参考秦岭线、兴安岭线、昆仑山及横断山脉线、长城线以及南岭线等重要地理分界线，综合普通的政治区和地理区两种区域划分方法，进一步划分了全国的经济地理区，较好地解决过去以单一划分方法展示各区的地理现象时重复割裂的弊端，以全国六条重要地理分界线为基础，于1953年对全国经济地理区进行划分，得到了12个经济地理区的区划方案。

2. 结果

依据该历史时期我国自然环境及经济文化的特征及差异性，将我国划分为12个经济地理区（区划系统如表4–1）

表4–1　　　　　　　　　我国的经济地理区

名称	分布范围	区域特征
黄河下游区	北起燕山，东至淮阳丘陵及其东延的江、淮低地，西起太行山、嵩山和伏牛山，东至于海	该区域为我国历史和地理上的中心地区。地形方面除山东丘陵外多为平原，黄、淮、海三大河流东注入海。本区为我国重要农业区，主要农产品为小麦、小米、高粱、玉米、棉花、大豆和花生等。矿产以煤炭最重要。京、济和胶济路沿线是我国重要工业地带，全国铁路重要干线大部分汇集本区。北京为全国首都，天津、青岛及连云港为本区三大商港
长江下游区	北起淮阳丘陵和江淮间的低地，南至黄山、天目山及杭州湾，西起安庆，东至于海	该区域为全国最富庶的地区，以其位于长江中下游及全国海岸的中枢，因此成为水运及全国国内外贸易的中心地区。地形低平，水利富饶，气候适宜，农产以米、丝、小麦、棉为大宗，矿产以皖南的铁磁最为重要。以上海为中心的长江下游三角地带为全国轻工业的中心地区，尤以纺织工业最为重要。本区人口稠密、大都市密集，其中上海为全国第一大都市，南京、杭州、无锡、扬州等均为重要的商业中心
长江中游区	北起大别山脉以南，五岭、九连山脉以北，西起鄂西高原及贵州高原的东缘，东至黄山、怀玉山及武夷山脉	该区域地势四周高山环绕，中部为长江中游平原，形成大盆地，气候湿润。农业以米、茶、麻、桐油为显著。南岭山地之间，林产尤富，锑、钨、铅、锰、铁等矿产著于全国。武夷地区为全国重要工业区之一。交通方面，长江横贯境内，成为全国水路交通的中心地区，京汉、粤汉二铁路纵贯境内。武汉、长沙、南昌为本区最重要都市

续表

名称	分布范围	区域特征
东南丘陵区	西以黄山、仙霞岭、武夷山、九连山为界，包括浙江大部，福建、台湾全部，安徽省的东南隅及广东省的东部，包括钱塘江、闽江和赣江等流域	该区域内地势错综，平原狭小、河流湍急，水力资源丰富，气候温湿。丘陵地区农作物以稻米、茶叶、甘薯和果树为主，林产丰富，沿海渔业发达，矿产以浙江的氟石、明矾，福建的铁矿及台湾的煤和石油最为显著，台北一带为全国主要工业地区之一
两广丘陵区	北以五岭山脉和贵州高原为界，包括粤、桂二省的大部	该区域内地形为发育较为成熟的丘陵地，地势高度多在40米以下，气候炎热，为我国副热带及热带气候所属区。农产除米及甘薯以外，也为我国热带农作物的主要分布地区。矿产以广西的锰、锡及海南的铁矿为主。粤江三角洲地区为全国重要工业地带之一
云、贵高原区	包括云南、贵州二省及广西壮族自治区的西北部	该区域以高原和山地为主，平均海拔为1000—2000米，雨量较多、侵蚀较甚，地形受河川的分割影响，高原地形不完整。因纬度低及地势高的关系，以高原和山地为主，除高山积雪、低точ炎热外，气候大致温和。农产以米及杂粮为主。本区富金属矿，如锡、铜、汞等尤著全国。昆明、贵阳附近的铝矾土以及水力储量的丰富，为本区最有希望的资源。交通以公路为主，铁路正在建设之中
秦岭、四川区	北以秦岭山脉为界，南以贵州高原为界，西起邛崃山脉，东至鄂西山地的东缘	该区域地形为四周高山、高原环绕，中部地势中陷，形成四川、汉中二大盆地。北以秦岭山脉的阻隔，冬季除山岭区域外，气候均较温暖。川、汉二大盆地区域为我国重要农业地区。农产以米、丝、棉为主，四川盆地产甘蔗、果树、猪鬃、山羊皮、桐油等。四川的煤、铁、铜、金、井盐、天然气及水力资源尤为丰富

续表

名称	分布范围	区域特征
黄土高原区	南以岷山、秦岭为界，北以长城及甘、宁省界为界，西起乌鞘岭，东至太行山	该区域地形上为黄土掩盖的高原，平均海拔在400—1500米之间，受河流分割的影响，地形不平整。因位置接近内陆，气候干燥。农业以小麦、小米、高粱为主。本区的西北沿脉一带，畜牧业已很重要。山、陕二省的煤田和陕北的油田尤著名全国
东北地区	本区包括东北六省五市及内蒙区的呼纳、兴安、哲里木、昭乌连四盟	该区域东部是长白山和辽东半岛的高地，西部是兴安岭山地和热河丘陵，中部是松、辽大平原。东北在地形上是一个完整的大地形区。气候因纬度较高，接连西伯利亚，属于寒温带气候区。雨量适中，夏季温度较高，农业颇为适宜，大豆、高粱、小米、小麦尤为大宗农产品。长白山及兴安岭之间，林产丰富。东北区的煤、铁、石油、金、耐火材料均为全国第一。沈阳附近地区尤为全国重工业的中心。东北铁路线之长占全国的34%，为我国铁路线最密的地区
北部高原区	南以长城及祁连山脉为界，东至大兴安岭，西以甘、新省界为界，北界蒙古人民共和国	该区域位于我国北方，平均海拔在1000米左右，故称北部高原。位居亚洲内陆，气候较为干燥，为草原沙漠气候。产业以畜牧业最为重要，农业地带限于雨量较多及灌溉便利之地。作物以燕麦、小米为主，宁夏平原兼可种植稻米。矿产以内陆湖泊中的盐碱、甘肃西部的石油及大青山的煤矿为最著名
新疆地区	包括新疆全省	该区域在地形上有天山山脉横亘中部，在天山南部形成塔里木盆地，北部形成准噶尔盆地。地处内陆中心，形成干燥的沙漠气候。农业在灌溉便利的山麓水草田地带颇为发达，天山南麓产稻米、小麦、棉花，天山北麓产小麦及杂粮。在高原山地及准噶尔盆地的草原区畜牧业较为发达。新疆矿产资源丰富，煤、石油及有色金属分布很广

续表

名称	分布范围	区域特征
青、康、藏高原区	北以昆仑山、祁连山为界，东以岷山、邛崃山、大凉山为界，南以喜马拉雅山为界	该区域一般高度在3000米以上，为世界最大的高原，因地势高耸，为大河的发源地。气候常年寒冷，因此在产业方面以畜牧业为主。农场业限于局部河谷地区，如拉萨平原、西康谷地及西宁平原等区。本区矿产多未经调查，目前开采较为显著的为西康及青海二省的金矿，以及内陆湖泊中的池盐。本区地势险阻，交通困难，以陆路为主

第四节 "东北农业区划"中的空间秩序

1953年5月，前东北行政委员会农业局在《东北农业生产参考资料（上册）》中，首次提出了东北农业区划，其中黑龙江流域的有：黑河麦产区、讷绥豆麦产区、合江麦产区、龙江农牧区、滨江豆麦产区、牡丹江水稻产区、洮南畜牧区、吉西粮产区、延边水稻产区、四平产粮区、东西丰粮产区和通化水稻产区等14个区。1954年7月，该局又发表了东北农业区划参考图及其简要说明，将黑龙江流域的农业区归并为8个，即：黑河地区、北安地区、佳木斯地区、白城地区、哈尔滨地区、牡丹江地区、长春地区和通化地区。

第五节 《中国自然地理区划草案》中的空间秩序

1954年，罗开富把全国划分为东、西半壁。东半壁有东北区、华北区、华中区、华南区、康滇区；西半壁有蒙新区和青藏区，进而又划分为22个副区。1954年，在这个区划中，注意到了我国地域分异的规律，并对各类自然地理现象之间相互联系、相互作用所表现的特点进行了探讨。由于在开展自然地理区划工作的同时，有计划地集中整理了各项有关的自然地理资料，因而基础比较扎实。首先将全国分为东半壁和西半壁两大部分，前者为季风影响显著的区域，后者则季风影响微弱或完全没有影响。接着，东半壁（湿润）由北向南根据温度递增分成东北、华北、华中、华南四个基本区，并将垂直分异比较显著的康滇单独划作另一个基本区。西半壁（干燥）根据地势及其所产生的温度差异，划分为青藏、蒙新两个基本区。在7个基本区之中，又按照地形划分为23个副区，具体结果如表4-2。

表4-2　　　　　　　　中国自然地理区划（1954）

基本区域	副区
东北区（Ⅰ）	大兴安岭区（Ⅰ$_1$）
	东北平原区（Ⅰ$_2$）
	长白山地区（Ⅰ$_3$）
华北区（Ⅱ）	黄土高原区（Ⅱ$_1$）
	华北平原区（Ⅱ$_2$）
	胶东辽东区（Ⅱ$_3$）
华中区（Ⅲ）	秦巴山地区（Ⅲ$_1$）
	四川盆地区（Ⅲ$_2$）
	贵州高原区（Ⅲ$_3$）
	长江中下游平原区（Ⅲ$_4$）
	江南山丘区（Ⅲ$_5$）
华南区（Ⅳ）	闽广沿海区（Ⅳ$_1$）
	台湾区（Ⅳ$_2$）
	海南区（Ⅳ$_3$）
康滇区（Ⅴ）	康滇南区（Ⅴ$_1$）
	康滇东区（Ⅴ$_2$）
	康滇北区（Ⅴ$_3$）
青藏区（Ⅵ）	卫藏区（Ⅵ$_1$）
	羌塘区（Ⅵ$_2$）
	柴达木区（Ⅵ$_3$）

续表

基本区域	副区
蒙新区（Ⅶ）	新疆盆地区（Ⅶ$_1$）
	新疆山地区（Ⅶ$_2$）
	内蒙古区（Ⅶ$_3$）

1954年罗开富将全国水文划分为3级9区。其中，第一级的分区标准是内外流域的分水线，即外流区域和内流区域。在外流区域内，依据河流在冷季冰冻与否作为第二级分区标准，分为冰冻区和不冻区。在内流区域内，以水流的形态作为第二级分区标准，分为西藏和蒙新两区。受资料的限制，该区划草案的分区只是粗线条的，但无疑是一个好的开端。

第六节 《中国自然区划大纲》中的空间秩序

林超和冯绳武[①]首先根据地形构造将全国划分为4部分，其次根据气候状况分为10个"大地区"，最后根据地形划分为31个"地区"和105个"亚地区"，区划是为了综合性大学地理系教学，基本反映了全国的自然地理面貌，具体区划结果如表4－3。

表4－3　　　　　林超、冯绳武自然区界划分方案

自然区界	林超、冯绳武方案
中国东部与西部界线	沿大兴安岭，西南段沿云南红河峡谷
蒙新区与青藏区界线	昆仑山、积石山、岷山，将柴达木盆地划入蒙新区
康滇区与青藏区界	雅鲁藏布江谷地全部划入康滇纵谷区

---

① 林超：《中国自然区划大纲（摘要）》，《地理学报》1954年第20卷第4期，第395—418页。

续表

自然区界	林超、冯绳武方案
华中、华南区界	以南岭、武夷山为界
华北与华中区界	西段用秦岭，东段用大别山
华北与东北区界	辽东半岛与辽河平原划入东北

第七节　1949年以来关于植被区划的空间秩序

吴征镒教授在广泛分析对比我国植物和世界各地区植物科属种的基础上，确定我国种子植物属下15种分布区类型：世界分布、泛热带分布、热美和热亚间断分布、旧大陆热带分布、热带亚洲至大洋洲分布、热带亚洲至非洲分布、热带亚洲（印度—马来西亚）分布、北温带分布、东亚和北美间断分布、旧大陆温带分布、温带亚洲分布、地中海西亚至中亚分布、中亚分布、东亚（东喜马拉雅—日本）分布、中国特有分布。

该时段的空间秩序查明了青藏高原植被的性质和特点，这是中华人民共和国成立以来植物学工作的突出成就。高原上植被也不是均一的，本身有明显的地带性分化：大致由东南向西北，随着地势逐渐升高，依次分布着山地森林带（常绿阔叶林、寒温针叶林）—高寒灌丛、高寒草甸带—高寒草原带（海拔较低的谷地为温性草原）—高寒荒漠带（海拔较低的干旱宽谷和谷坡为温性山地荒漠）。羌塘高原并不是高寒荒漠，而是大面积地分布着高寒草原和高寒荒漠草原植被。真正的高寒荒漠，面积很小，只分布在高原西北角的喀喇昆仑山与昆仑山之间的山原和湖盆区（包括我国境内的东帕米尔在内）。此外，阿里西部属山地荒漠，南部则出现一块特殊的荒漠类型——伊朗阿富汗类型的荒漠。

从全国范围说，二十多年来所积累的资料已使我们有可能提出我国植被的地理规律性的轮廓。东南半部（大兴安岭—吕梁山—六盘山—西藏高原东缘一线以东）是森林区；西北半部是草原和荒漠无林区。森林区由北到南依次更替着下列森林系列：寒温性针叶林—针阔叶混交林—落叶阔叶林—常绿阔叶林—季雨林—雨林，这是大陆东岸纬度地带性的表现。西北半部由于其南部为青藏高原，植被的纬度地带性表现不完整，仅在温带荒漠地区，以天山为界，有温带荒漠带（准噶尔盆地）与暖温带荒漠带（塔里木盆地）的南北分异。此外，在西藏阿里的西南部有亚热带荒漠的山地类型；在温带荒漠带北缘的阿尔泰山山麓，还分布有一条狭窄的荒漠草原带，向北过渡到苏联西伯利亚的泰加林带。

但是，在昆仑山—秦岭—淮河一线以北的温带和暖温带地区，从东到西，即从沿海的湿润区经半湿润区到内陆的半干旱区、干旱区，表现出明显的植被类型的经向更替；落叶阔叶林或针阔叶混交林—草原（草甸草原—典型草原—荒漠草原）—荒漠（草原化荒漠—典型荒漠）。

在植被区划方面，我们根据实际材料，结合生产要求，提出一些独特的处理。我们将亚热带分成三个亚带：北亚热带、中亚热带和南亚热带。北亚热带为常绿—落叶阔叶混交林，是落叶阔叶林与常绿阔叶林之间的过渡地带，以壳斗科的常绿和落叶树种为主要建群种。在热带与亚热带之间的过渡地区划分出两个亚带，即亚热带范围的南亚热带和热带范围的北热带。

第八节 "黑龙江省、吉林省、内蒙古呼伦贝尔盟农业区划"中的空间秩序

《全国各省农业区划资料汇编》中，黑龙江省划分为5个农业区：哈尔滨地区、北安地区、合江地区、牡丹江地区、齐齐哈尔地区和黑河地区，划区的依据是自然条件及农业生产现状的特点及今后应采取的主要措施；吉林省划分为4个农业区：草原区、平原区、半山区和森林区，划分的依据主要是自然条件的特点，附带考虑生产现状的特点；内蒙古的呼伦贝尔盟则分属于牧业区、农业区、半农半牧区及森林狩猎区，主要根据自然特点，主导农业生产部门及历史发展等情况而划分。这三个省（区）的方案除黑龙江省不打破行政区界外，吉林省和呼伦贝尔盟的

方案在局部地区仍然打破了县界。结果如表4-4。

表4-4　　黑龙江省、吉林省、内蒙古呼伦贝尔盟农业区划方案

省	区
A. 黑龙江省	a. 哈尔滨地区
	b. 北安地区
	c. 合江地区
	d. 牡丹江地区
	e. 齐齐哈尔地区
	f. 黑河地区
B. 吉林省	g. 草原区
	h. 平原区
	I. 半山区
	j. 森林区
C. 内蒙古自治区呼伦贝尔盟	k. 牲业区
	l. 农业区
	m. 半农半牧区
	n. 森林狩猎区

第九节　《中国农业区划初步意见》中的空间秩序

1955年，中国农业部向中国科学院地理研究所交办农业区划研究任务。周立三、邓静中撰写《中国农业区划初步意见》，将中国划分为6个农业地带、16个农业区，为国家农业发展研究提供一定科学根据。

第十节　《关于划分中国农业经济区划的初步方案》中的空间秩序

1955年，中国农业部组织多学科研究完成《关于划分中国农业经济区划的初步方案》。地理学工作者在参加这方面工作中，高度重视人地关系，这也是中国地理学运用人地关系思想理论的重要工作。该方案将中

国划分为 8 个农业经济区即东北、华北、华中、华南、内蒙古、西北、云贵川、青康藏。

第十一节 《中国植被区划草案》中的空间秩序

1956 年，钱崇澍、吴征镒、陈昌笃完成《中国植被区划草案》。阐述了影响植被分布格局的五项因子，即气候、地形、土壤、历史、生物（包括人类活动），其中气候因子对植被群落的形成起着根本作用，其具体体现为依纬度、地形和海陆分布情况而不同，阐述了影响中国植被分布格局的主要因子，即地形、寒潮、夏季风。该区划方案将中国植被区划划分为 12 个植被带。同时，在植被区划附言部分，给出了结合中国土壤区划方案的新中国植被区划方案，这个新的方案将中国植被区划划分为 15 区 44 亚区。

第十二节 《中国综合自然区划（初稿）》中的空间秩序

黄秉维等根据中国具体情况，在以往综合分析与主导因素相结合原则、多级划分原则和主要为农业服务的原则的基础上，遵循生物气候等原则，按温度、水分并综合考虑温度、水分与土壤、植被的形成和分布的关联性，划分出中国综合自然区划方案。

1956 年，黄秉维等依据以下原则：①综合自然区划的对象是自然综合体而不是个别自然现象；②自然综合体的相似性与差异性是相对的，随概念的缩小扩大而不同；③自然综合体的相似性与差异性应尽可能根据区划的目的——为实践服务来衡量；④区划分类单位系统必须适合中国自然历史的特殊性；⑤区划分类单位系统必须与世界的，特别是亚洲的区划体系在一定程度上相衔接。同时，在综合自然区划系统中，较高级分类单位的划分应着重考虑地带性因素，即气候、土壤、生物因素，而较低级的划分应着重考虑非地带性因素，包括热量、水分、土壤中的植物养分和有机界。非地带性因素则一般是在比较狭小的范围以内，改变物质与能量交换的条件。除此以外，由高级到低级还应先着重以自然界中的现代特征与进展特征为主要依据，后着重以残存特征为主要依据；以不能改变或不容易改变的自然条件为主要依据，后着重以较容易改变的自然条件为主要依据；以较概括的指标（如多年平均值）为主要依据，后着重以较详细的指标（如季节变化型式、变率等）为主要依据。

在方法层面：①首先考虑温度的地域差异，在温度的地域差异之中，又选取日温持续大于等于10℃期间活动温度总和为主要参考指标。但活动温度总和还不是一个完善的指标，因此选取临界数值首先以热量对于植被、土壤与农业的影响来衡量，同时也考虑了中国夏季平均温度较高，年平均温度与冬季平均温度较低以及偶然发生非常剧烈寒潮等特点，最后划定界线时又参考土壤、植被、农作和地势加以订正；②根据水分条件；③综合考虑温度、水分与土壤、植被的形成和分布的关联性划分自然地带；④在每一自然地带的范围内，依据地形和气候的大体差异划分自然区。

依照自然区、热量带（温度带）、自然地区、自然地带、自然省、自然州、自然县（后两级在全国区划中未划出）七级单位系统，将全国分成三大自然区（东部季风区，蒙新高原区和青藏高原区），6个温度带（赤道带、热带、亚热带、暖温带、温带、寒温带），18个自然地区和亚地区，28个自然地带和亚地带，90个自然省。这次区划比较全面地总结了以往的经验，着重考虑了直接参与自然界物质与能量交换的基本过程，按照地表自然分异的规律，采取了比较系统的方法论，选取地带性与非地带性单位出现于一个共同系列的原则，每一级单位都有比较明确的定义和划分方法，并且明确规定自然地理区划的服务对象是农业。有几点收获也是比较深入人心的：（1）采用≥10℃期间活动积温的方法来衡量一个地点热量的多寡和农业生产潜力；（2）中国的亚热带地域辽阔可分为北、中、南三个亚带；（3）辽东半岛及辽宁省南部不属于东北区而属于华北区，改变了人们的旧观念。具体区划系统如表4-5。

表 4-5 中国综合自然区划（1956）

一级自然区划带	二级自然区划带	三级自然区划带
Ⅰ 寒温带	ⅠA 湿润地区	ⅠA$_1$ 南泰加林—棕色灰化土地带
Ⅱ 温带	ⅡA 湿润地区	ⅡA$_1$ 针叶与落叶阔叶混交林—灰化棕色森林土地带
	ⅡB 半湿润地区	ⅡB$_1$ 森林草原—淋溶黑土地带
		ⅡB$_2$ 草原—黑土地带
	ⅡC 半干旱地区	ⅡC$_1$ 干草原—暗栗钙土地带
		ⅡC$_2$ 干草原—淡栗钙土地带
	ⅡD 干旱地区蒙新亚区	ⅡD$_1$ 荒漠草原—棕钙土地带
		ⅡD$_2$ 山前荒漠草原—灰钙土地带
		ⅡD$_3$ 荒漠—灰棕荒漠土地带
	ⅡD' 干旱地区中亚细亚地区	ⅡD'$_1$ 荒漠草原—棕钙土地带
		ⅡD'$_2$ 山前荒漠草原—灰钙土地带
Ⅲ 暖温带	ⅢA 湿润地区	ⅢA$_1$ 落叶阔叶林—棕色森林土地带半湿润地区
	ⅢB 半湿润地区	ⅢB$_1$ 半干生落叶阔叶林—淋溶褐色土地带
		ⅢB$_2$ 半干生落叶阔叶林与森林草原—褐色土地带
	ⅢC 半干旱地区	ⅢC$_1$ 干草原—黑垆土地带
	ⅢD 干旱地区	ⅢD$_1$ 荒漠—棕色荒漠土地带
Ⅳ 亚热带	ⅣA 湿润地区	ⅣA$_1$ 北亚热带落叶阔叶与常绿阔叶混交林—黄棕壤与黄褐土地带
		ⅣA$_2$ 中亚热带常绿阔叶林—红壤与黄壤地带
		ⅣA$_3$ 南亚热带常绿阔叶林—砖红壤化红壤与黄壤地带
	ⅣB 季节性干湿交替地带	ⅣB$_1$ 亚热带常绿阔叶林—红壤地带
Ⅴ 热带	ⅤA 湿润地区	ⅤA$_1$ 热带雨林及季雨林—砖红壤地带
	ⅤB 季节性干湿交替地区	ⅤB$_1$ 热带雨林及季雨林—砖红壤地带
Ⅵ 青藏高原区域	ⅥB 半湿润地区	ⅥB$_1$ 草甸与针叶林地带
	ⅥC 半干旱地区	ⅥC$_1$ 半干生针叶林与草甸及草甸草原地带
		ⅥC$_2$ 草原与草甸地带
	ⅥD 干旱地区	ⅥD$_1$ 干寒荒漠地带
		ⅥD$_2$ 高寒荒漠地带

1959年，黄秉维等根据自然地理原理，比较研究各项自然要素之间的依存关系，拟定了适合中国特点又便于与国际接轨的区划原则和方法，总结起来，可以归纳为：遵循生物气候原则，即地带性原则，划分高级单位，要求首先表现水平地带性，然后反映出垂直地带性。20世纪60年代、80年代，黄秉维曾先后两次对《中国综合自然区划》进行修改，集中对综合自然区划的原则和方法做了进一步的阐述，补充修改了原有方案，明确将热量带改称为温度带。80年代以来，他又做了系统修订，1999年简化了区划体系，重申温度与热量的不同，纠正热量带的错误称谓。拟订的区划方案首先将青藏高原与相对较低地域区分开，然后分别按温度、干湿情况和地形逐级划分，对中国自然地理区域进行划分。根据上述原则和标准，黄秉维等人将中国划分为12个温度带、21个自然地区和45个自然区。

第十三节 《中国河流水文区划》中的空间秩序

郭敬辉在新中国成立初期全国水文资料奇缺的情况下，广泛收集气候、土壤、植被、地质、地貌等自然地理各要素的资料，通过卡片分类的手段对各地区的各流域地进行分析研究，首次对我国河流径流量进行估算，编制出我国的径流模数图。在此基础上补充校核已有资料，根据全国水文现况划分了东北区、华北区、华南区、西南区、西北区、阿尔泰区、内蒙古以及青藏区这八个水文区。

第十四节 "黑龙江省农业区划"中的空间秩序

1956年，黑龙江省农业厅在省内20多个县进行了典型调查，重新划分了省内农业区，该方案于1957年12月发表在黑龙江省土地利用管理局编印的《黑龙江省自然资源概况（之一）》一书中，全省分为7个区，即合江平原地区、松花江平原地区、牡丹江半山间地区、铁延山边地区、克拜波状起伏地区、龙江草原地区和黑河沿江地区。这一区划主要从技术改革的角度出发，相当全面地考虑到地形、气候、土壤、土地利用、农业生产现状特征等并保持了不打破县界的优点。

第十五节 《中国的地形区划》中的空间秩序

1. 概况

1956 年，周廷儒、施雅风、陈述彭等明确地提出了地形区划的原则和指标。他们的分区原则是形态成因原则、区域性原则、综合原则。这一地貌区划比以往有很大的进展，它提出了划区的原则和标志，对各区的叙述也比较详细，但它在划分全国为 9 个组 28 个区以后，又把各区组合为东部区、蒙新区、青藏区三大区。

2. 结果

根据上述地形区划原则，该区划方案把我国划分为 3 个大区（东部区、蒙新区和青藏区）、9 个分区小组以及 28 个具体地形区。东部区包括东北组、华北组、华中组和华南组；蒙新区包括内蒙古组和新疆组；青藏区包括藏北组、青海组和藏南康滇组，区划系统如表 4-6。

表 4-6　　　　　　　　　中国地形区划

地形区	地形分区小组	地形区名称
东部区	东北组（Ⅰ）	兴安岭山地（I_1）、东满山地（I_2）、东北平原（I_3）
	华北组（Ⅱ）	黄土高原（II_1）、冀热山地（II_2）、山东丘陵（II_3）、华北平原（II_4）
	华中组（Ⅲ）	秦岭淮阳山地（III_1）、四川盆地（III_2）、长江中下游平原（III_3）、江南丘陵（III_4）
	华南组（Ⅳ）	云贵高原（IV_1）、南岭山地（IV_2）、东南沿海丘陵（IV_3）、台湾岛（IV_4）
蒙新区	内蒙古组（Ⅴ）	内蒙古高原（V_1）、鄂尔多斯高原（V_2）
	新疆组（Ⅵ）	准格尔盆地（VI_1）、天山山地（VI_2）、塔里木盆地（VI_3）、河西走廊（VI_4）

续表

地形区	地形分区小组	地形区名称
青藏区	藏北组（Ⅶ）	西昆仑山地（Ⅶ₁）、藏北高原（Ⅶ₂）
	青海组（Ⅷ）	祁连山地（Ⅷ₁）、柴达木盆地（Ⅷ₂）、青南高原（Ⅷ₃）
	藏南康滇组（Ⅸ）	藏南山地（Ⅸ₁）、康滇平行岭谷（Ⅸ₂）

第十六节 《中国的亚热带》中的空间秩序

1957 年，从竺可桢教授发表的《中国的亚热带》一文开始，已有几十篇论文对自然区划的界限作了专门的讨论。界限的划定是一个十分棘手的问题，不但要求符合地理现象分布的现实，而且必须解决某些基本理论和具体方法。30 多年来，讨论最多、成绩也最大的首推对于亚热带的划分。为了解决热带与温带之间连续过渡所产生的划分困难，在其间分出一个亚热带以此来缓冲和弥补某些缺陷，以便更正确地刻画自然界这种渐变，这是十分必要的，并且这个亚热带的地理分布在我国是特别辽阔的。竺可桢教授认为：亚热带的北界接近于北纬 34°，即淮河—秦岭—白龙江线，此线也靠近一年两熟的北界；南界则横贯台海的南部和雷州半岛的北部，即北纬 22°30′—21°30′。中国亚热带划分标准的研究，纠正了某些苏联自然区划工作者把苏联温带的南部划作亚热带（暖温亚热带）的不全面看法。《苏联土壤生物气候区划》（1959）的作者列东诺夫写道："中华人民共和国的学者认为这样的地方才属于亚热带：冬季按热量条件还可以生长温带作物，并且这里很少有损害多年生亚热带植物的冬季霜冻。我们在中国亚热带的实际观察，促使我们认为中国学者的意见是正确的。如果承认这一点，苏联领土属于亚热带的只有高加索里海沿岸潮湿森林和连科兰亚热带地带；南方灰钙土地带等则应属于温带的暖温亚带，因为这些地带内到处有冬天严寒，甚至不能生长温带禾本科作物，冬天必须人工保护多年生喜热作物。"此外，关于热带的北界，也存在热烈的讨论和不同意见。

第十七节　华南三省区的空间秩序

唐永銮长期致力于自然地理学和环境科学的研究，1957—1964 年率队进行广西、广东和福建三省区自然资源和热带生物资源的调查，运用系统论的理论和方法，分析和揭示出华南三省区的自然环境分异规律，进行地区、省和三省区的综合自然区划，特别对橡胶宜林地的布局和北移得出了科学的结论，认为我国橡胶宜林地北界大致在 24°N 附近，并将 24°N 以南的华南三省区大陆称为北热带特别是提出华南三省区自然环境东西分异规律及其意义（称为相性），在全国尚属首次。

第十八节　《人地关系与经济布局》中的空间秩序

吴传钧在《人地关系与经济布局》中研究和阐述了松花江流域、吉林省、黑龙江流域的农业区划，具体如下：

1. 松花江流域的农业区划

1958 年 3 月，水电部哈尔滨勘测设计院为配合松花江流域规划工作，划分了松花江流域的农业区（未发表），将全流域分为 10 个区：吉林山区、吉林平原区、合江区、牡丹江区、哈尔滨区、绥化区、安达区、安广区、嫩江农业区、嫩江农林牧区。这一方案参考了日伪时期发表的《地区改善农业经营指导提纲》中所附"东北农业地区一览表"，主要根据水系（流域）及水量平衡，适当考虑地形、土壤等条件，对于农业生产本身考虑较少。

2. 吉林省农业区划

1958 年 2 月，吉林省农业厅翻印了中共吉林省委所提出的"吉林省 1956—1967 年农业发展规划（修正草案）"，在附件中把全省划分为 4 个农业区：平原区、半山区、山区和砂荒区。这一方案主要考虑了地形条件，虽然不打破县界，但其中个别的区不连成一片。

3. 黑龙江流域农业区划

吴传钧等认为，划分农业区既要考虑自然条件，也要考虑农业经济特征，既要考虑生产的历史过程和现状，也要考虑发展远景。该区划根据这一地区过去有关科学调查研究工作所积累的资料和三省（区）经济业务和计划部门所掌握的材料，将黑龙江流域划分为2个带和7个区。2个带分别为温带和寒温带；7个区分别为呼伦贝尔高原、大兴安岭中部和南部山地、松嫩平原、小兴安岭—完达山—长白山山地、小兴安岭和长白山山地西部的丘陵和地台、三江平原、大兴安岭北部山地。

表 4-7　　　　　　　黑龙江流域农业区划方案

带	区
A. 温带	a. 呼伦贝尔高原
	b. 大兴安岭中部和南部山地
	c. 松嫩平原
	d. 小兴安岭—完达山—长白山山地
	e. 小兴安岭和长白山山地西部的丘陵和地台
	f. 三江平原
B. 寒温带	g. 大兴安岭北部山地

第十九节　《苏联农业气候区划》中的空间秩序

1958年，苏联 Г. Т. 谢尼诺夫制定了苏联农业气候区划，在农业热量带基础上，再按照湿润状况和大陆性深浅划分为气候区，最后按照作物越冬条件和夏季湿润指数划分为气候省，在省的基础上按积温200℃划分温度带。

1. 副热带的气候区，共5个区；

2. 温带气候区和气候省，温带气候在苏联的面积最大，按照湿润状况分为5个区；

3. 副北极带的气候省，气候条件均一，只能划分为气候省。

第二十节 "中国土壤区划"中的空间秩序

1954年，马溶之等在《中国土壤区划草案》中将全国划分为7个土壤带。其后在中国科学院竺可桢副院长的领导下，编写了152页的《中国土壤区划（初稿）》(1959)，将全国土壤区划系统分为7级：土壤生物气候带（0级）、土壤生物气候地区或亚地区（一级）、土壤地带或亚地带（二级）、土壤省（三级）、土壤区（四级）、土组（五级）、土片（六级）。依据相关气候区划的原则和方法，具体区划系统如表4-8。

第二十一节 《中国水文区划（初稿）》中的空间秩序

1959年，中国科学院自然区划委员会将全国划分为3级区域，从高到低依次为：13个水文区（以水量为标准）、46个水文带（指标是河水的季节变化）、89个水文省（以水利条件为指标）。这次区划较上次前进了一大步，基本反映了全国水文区域的面貌，因而在科研、生产和教学等方面都曾经起过积极作用，且至今尚不失其参考价值。

第二十二节 《中国自然地理总论》中的空间秩序

《中国自然地理总论》一书分8篇21章，主要阐述中国自然地理学的性质、任务和方法，我国地形和地质结构，气候形成与发展规律，以及陆地水文、土壤、植被、动物区系的分布状况与特征。分析我国自然环境各要素间的辩证关系，最后简要论述我国自然地理区域的划分与特征，根据以景观作为划分对象、以植物和土壤作为景观的标志的划分原则，该书将全国划分为7个基本的自然地理区域，分别为：东北区、华北区、华中区、华南区、康滇区、青藏区和蒙新区。依据相关区划的原则和方法，具体区划系统如表4-9。

表4-8 中国土壤区划

土壤生物气候带	土壤生物气候地区	土壤生物气候亚地区	土壤地带	土壤亚地带	土壤省	土壤区
I 寒温带	A 大兴安岭北部泰加森林土壤地区		南泰加森林棕色泰加林土亚地带		(1) 黑龙江上游谷底棕色泰加林土省	
					(2) 大兴安岭北部山地棕色泰加林土省	
	A 东北东部森林土壤地区		针阔叶混交林灰棕壤（灰棕色森林土）地带		(1) 三江平原白浆土和灰棕壤省	①三江低地和穆棱河流域土壤区
						②三江平原西南部土壤区
					(2) 大兴安岭东坡和小兴安岭山地灰棕壤省	①大兴安岭东坡和小兴安岭本部土壤区
						②小兴安岭北坡丘陵平原土壤区
					(3) 长白山山地灰棕壤省	
II 温带	B 东北和内蒙东部森林草原和草原土壤地区		1. 森林草原黑土和草原土亚地带	a 森林草原淋溶黑土亚地带	东部平原东部淋溶黑土省	
				b 草原黑土亚地带	(1) 东北平原中西部典型黑土和草甸黑土省	①西部山前平原土壤区
						②中央低地黑土壤区
					(2) 三河山前丘陵典型黑土省	③西辽河平原土壤区

第四章 空间秩序：公元1949—1959年 | 151

续表

土壤生物气候带	土壤生物气候亚地区	土壤地带	土壤亚地带	土壤省	土壤区
Ⅱ 温带	B 东北和内蒙东部森林草原和草原土壤地区	2. 干草原栗钙土地带	a 暗栗钙土亚地带	(1) 大兴安岭南部东麓平原丘陵暗栗钙土省	①乌兰浩特—林东山前丘陵—低山土壤区 ②西拉木伦河—老哈河下游平原土壤区 ③赤峰—敖汉黄土丘陵土壤区
				(2) 呼伦贝尔—锡林郭勒东部高平原和丘陵暗栗钙土省	①呼伦贝尔—锡林郭勒东部高平原—丘陵土壤区 ②乌尔逊—乌里勒吉低地土壤区 ③察哈尔东部高平原土壤区
				(3) 集宁—多伦高平原—低山和丘陵暗栗钙土和山地栗钙土省	
				(4) 雁北同山盆地栗钙土、山地栗钙土和山地棕褐土省	
				(5) 大兴安岭南部山地黑土和山地灰土省	
				(6) 阿尔泰山西北部山地栗钙土、山地灰色森林土和山地灰化土省	
				(7) 阿尔泰山西南部山地栗钙土和山地灰色森林土省	

续表

土壤生物气候带	土壤生物气候地区	土壤生物气候亚地区	土壤地带	土壤亚地带	土壤省	土壤区
Ⅱ 温带	B 东北和内蒙东部森林草原和草原土壤地区		2. 干草原栗钙土地带	b 淡栗钙土亚地带	(1) 锡林郭勒高平原和丘陵淡栗钙土省	①呼伦贝尔西南边缘丘陵高平原土区 ②锡林郭勒中部熔岩台地—高平原土区 ③锡林郭勒西南部和察哈尔西北部高平原土区
					(2) 乌兰察布南沿高平原和丘陵淡栗钙土省	
					(3) 鄂尔多斯东部高平原淡栗钙土省	①前奎山前洪积和冲积平原土区 ②鄂尔多斯高原东部土区 ③北部砂带土区 ④南部砂带土区
					(4) 大青山和乌拉山山地栗钙土、山地棕褐土和山地草甸草原土省	
	C 蒙新干草半荒漠和荒漠土壤地区	C 蒙新亚地区	1. 半荒漠棕钙土地带	a 荒漠草原棕钙土亚地带	(1) 百灵庙—温都尔庙以北高平原棕钙土省	

续表

土壤生物气候带	土壤生物气候地区	土壤生物气候亚地区	土壤地带	土壤亚地带	土壤省	土壤区
II 温带	C 蒙新干旱半荒漠和荒漠土壤地区	C' 蒙新亚地区	1. 半荒棕钙土地带	a 荒漠草原棕钙土亚地带	(2) 鄂尔多斯中西部高平原棕钙土省	① 西山嘴—色尔腾山前洪积和冲积平原土区 ② 鄂尔多斯北部砂带中段土区 ③ 鄂尔多斯高原中西部土区
				b 草原化荒漠淡棕钙土亚地带	(1) 乌兰察布中北部高平原淡棕钙土省	鄂尔多斯西部及贺兰山山前平原土区
					(2) 鄂尔多斯西部及阿拉善东缘洪积和冲积平原淡棕钙土省	② 鄂尔多斯高原北部砂带西段土区
					(3) 狼山山地棕钙土和山地栗钙土省	③ 后套和银川平原土区
					(4) 贺兰山山地棕钙土和山地棕褐土省	
			2. 山前荒漠草原灰棕土地带		兰州—河西走廊东段同山盆地山前灰钙土省	① 北部丘陵—源一地区 ② 屈武山土区 ③ 拉脊山—兴隆山土区
			3. 灌木荒漠灰棕土地带		(1) 阿拉善—额济纳高平原灰棕色荒漠土省	① 阿拉善北部戈壁土区 ② 阿拉善南部高平原土区 ③ 居延—弱水平原土区 ④ 河西走廊西部土区

续表

土壤生物气候带	土壤生物气候亚地区	土壤地带	土壤亚地带	土壤省	土壤区
II 温带	C 蒙新干旱半荒漠和荒漠土壤地区 C' 蒙新亚地区	3. 灌木荒漠灰棕荒漠土地带		(2) 诺明戈壁石膏灰棕色荒漠土省	①北部第三纪高原土区
				(3) 准噶尔盆地灰棕色荒漠土省	②艾比湖流域土区 ③南部黄土冲积平原土区 ④中部砂质荒漠土区
				(4) 天山中部山地土壤省	①准噶尔界山东南坡土区 ②准噶尔阿拉套山南坡土区 ③天山本部西北坡土区 ④天山北坡土区
				(5) 天山东部山地土壤区	⑤天山南坡土区 ⑥焉耆盆地土区 ①巴里坤山地土区 ②巴里坤盆地土区
	C" 中亚西亚亚地区	1. 半荒漠棕钙土地带	a 荒漠草原棕钙土亚地带 b 草原化荒漠淡棕钙土亚地带	(1) 额敏河谷平原淡棕钙土省	
				(2) 准噶尔界山西北坡山地栗钙土、山地黑土和山地草甸土省	

第四章 空间秩序：公元1949—1959年 | 155

续表

土壤生物气候带	土壤生物气候地区	土壤地带	土壤亚地带	土壤省	土壤区
	C"中亚西亚"地区	2. 山前荒漠草原灰钙土地带		(1) 伊犁河谷平原灰钙土省 (2) 内天山山地栗钙土与山地棕褐土、山地黑土与山地棕褐、山地草甸土省	
	A 华北东北南部森林土壤地区	落叶阔叶林棕（棕色森林土）壤地带		(1) 辽河下游平原棕壤和草甸土省 (2) 辽东和胶东丘陵棕壤和山地棕壤省	①丘陵平地土区 ②低山地土区
Ⅲ 暖温带	B 华北干旱森林、森林草原和草原土壤地区	1. 干旱森林和森林草原褐土地带	a 干旱森林淋溶褐土亚地带	(1) 海河平原淋溶褐土和浅色草甸土省 (2) 黄淮平原淋溶褐土和砂姜土省 (3) 鲁中山地淋溶褐土和山地棕壤省	
			b 森林草原褐土亚地带	(1) 冀北山间盆地褐土、山地淋溶褐土和山地棕壤省 (2) 晋南—关中盆地褐土省	①东南部山地（低山、丘陵和河谷平原）褐土和山地褐土区 ②中部半山地（低山、丘陵和河谷平原）褐土和山地褐土区 ③西北部围场、隆化、丰宁一带的山地淋溶褐土和山地棕壤区
		2. 草原和干草原黑垆土地带		(1) 晋中同山盆地黑垆土、山地褐土和山地棕壤省	

续表

土壤生物气候带	土壤生物气候地区	土壤生物气候亚地区	土壤地带	土壤亚地带	土壤省	土壤区
Ⅲ 暖温带	B 华北干旱森林、森林草原和草原土壤地区		2. 草原和干草原黑垆土地带		(3) 陕甘黄土高原丘陵普通黑垆土、粘化黑垆土、山地褐土省	①北部土区
						②南部土区
					(4) 陇中黄土高原山地丘陵黑垆土、山地褐土和山地棕壤省	
					(5) 六盘山山地褐土和山地棕壤省	
	C 南疆极端干旱荒漠土壤地区		灌木荒漠棕色荒漠土地带		(1) 塔里木盆地戈壁棕色荒漠土省	
					(2) 东疆吐鲁番山间盆地戈壁棕色荒漠土山地荒漠省	
	D 青藏高原东部、南部山地森林、草甸和草原土壤地区		1. 山地草原、森林和草甸土壤垂直带		祁连山东部和甘南山地草原、森林（山地草原土、山地棕壤、山地草甸草原土和山地草甸土）省	
			2. 山地草原和草甸土壤垂直带		(1) 祁连山西部和黄河源高原山地荒漠草原和山地草甸土壤省	①祁连山西部山地土壤区
						②青海西同山盆地土壤区
					(2) 玉树和藏南高原山地草原和草甸土壤省	③黄河源高原山地土壤区

第四章 空间秩序：公元1949—1959年 | 157

续表

土壤生物气候带	土壤生物气候地区	土壤生物气候亚地区	土壤地带	土壤亚地带	土壤省	土壤区
Ⅲ 暖温带	E 青藏高原西北部寒冷荒漠土壤地区		1. 干寒荒漠土地带		(1) 柴达木盆地灰棕色荒漠土壤省	①盆地东南部和北部山麓到沼泽边缘间的土区 ②盆地东段的中部沼泽土区 ③盆地西部土区
					(2) 昆仑—阿尔金山地荒漠土、山地草原土和高山寒漠土省	
					(3) 喀喇昆仑山地棕褐土和高山寒漠土省、山地棕褐土、山地草原	
			2. 高原荒漠土地带		(1) 羌塘高原高山草原土和高山寒漠土省	
					(2) 冈底斯山高山草原土和高山寒漠土省	
Ⅳ 亚热带	A 华中和华南森林土壤地区	A′东部亚地区	1. 北亚热带混生常绿阔叶树种的落叶阔叶林黄棕色森林土（黄棕壤）地带		(1) 江淮下游平原丘陵黄棕壤、黄褐土、水稻土省	①苏北滨海盐土区 ②苏北水稻土、草甸土和沼泽土区 ③皖北和豫南的大别山北麓黄棕壤、黄褐土和水稻土区 ④太湖流域水稻土区 ⑤南京镇江一带的黄棕壤、黄褐土和水稻土区 ⑥江汉平原水稻土和沼泽土区

续表

土壤生物气候带	土壤生物气候地区	土壤生物气候亚地区	土壤地带	土壤亚地带	土壤省	土壤区
Ⅳ 亚热带	A 华中华南森林土壤地区	A′东部亚地区	2. 中亚热带常绿阔叶林红壤和黄壤地带		(2) 秦岭—大巴同山盆地黄褐土、山地黄棕壤和山地棕壤省	
					(3) 大别山山地黄棕壤和山地棕壤省	
					(1) 湘赣平原丘陵红壤和水稻土省	
					(2) 四川盆地丘陵黄壤省	
					(3) 浙闽山地丘陵黄壤、山地黄壤和山地黄棕壤省	
					(4) 湘西—黔东同山盆地红壤和山地黄壤省	
					(5) 南岭低山丘陵盆地红壤和山地黄壤省	
					(6) 黔桂山地丘陵红壤和黄壤、山地黄壤和山地黄棕壤省	
					(7) 贵州高原黄壤、山地黄壤和山地黄棕壤省	
					(8) 江南山地丘陵山地黄壤和山地黄棕壤省	

第四章 空间秩序：公元1949—1959年 | 159

续表

土壤生物气候带	土壤生物气候地区	土壤生物气候亚地区	土壤地带	土壤亚地带	土壤省	土壤区
IV 亚热带	A 华中和华南森林土壤地区	A'东部亚地区	2. 中亚热带常绿阔叶林红壤和黄壤地带		(9) 大巴—鄂西山地黄壤、山地黄棕壤和南方山地草甸土省 (10) 川西山地黄壤、山地黄棕壤、山地棕壤和南方山地草甸土省	
			3. 南亚热带季雨林砖红壤化红壤地带		(1) 闽粤沿海丘陵平原砖红壤化红壤省 (2) 桂南丘陵盆地砖红壤、山地黄棕壤和山地草甸土省 (3) 台湾东部山地砖红壤化红壤和山地黄壤省	
		A"西部亚地区	常绿阔叶林红壤和砖红壤化红壤地带		(1) 滇东高原砖红壤化红壤省 (2) 滇西间山盆地砖红壤化红壤和山地红壤省 (3) 滇西同山脉南部山地红壤、山地黄棕壤和山地草甸土省	
	B 横断山脉北部山地森林和草甸土壤地区		山地森林和草甸土壤垂直带		(1) 横断山脉北部山地棕褐土、山地棕壤、山地灰棕壤和山地草甸土省	

续表

土壤生物气候带	土壤生物气候地区	土壤生物气候亚地区	土壤地带	土壤亚地带	土壤省	土壤区
V 热带	A 粤南和滇南森林土壤地区	A′东部亚地区	热带季雨林砖红壤地带		(1) 琼雷平原丘陵砖红壤省	①海南北部和雷州半岛南部土区 ②广东西南沿海和雷州半岛北部土区 ③海南岛西边缘土区 ④广西西南边缘和云南东南边缘土区
					(2) 台南—高雄平原砖红壤省	
					(3) 南海诸岛热带黑色土省	
		A″西部亚地区	热带季雨林砖红壤性土地带		(4) 海南岛山地黄色砖红壤性土和山地黄壤省	中山周围的高丘陵低山土区

表 4-9　　　　　　　　中国自然地理区划（1959）

基本自然地理区域名称	次级自然地理区域名称
Ⅰ. 东北区	1. 兴岭区 2. 东北平原区 3. 长白区
Ⅱ. 华北区	4. 黄土高原区 5. 华北平原区 6. 胶东、辽东区
Ⅲ. 华中区	7. 秦巴山地区 8. 四川盆地区 9. 云贵高原区 10. 长江中下游平原区 11. 江南山丘区
Ⅳ. 华南区	12. 闽广沿海区 13. 台湾区 14. 海南区
Ⅴ. 康滇区	15. 康滇南区 16. 康滇北区
Ⅵ. 青藏区	17. 卫藏区 18. 羌塘区 19. 柴达木区
Ⅶ. 蒙新区	20. 新疆盆地区 21. 天山区 22. 内蒙区

第二十三节　《中国土壤区划（初稿）》中的空间秩序

1. 概况

《中国土壤区划（初稿）》是中国科学院自然区划工作委员会主持的自然区划丛书之一，作者马溶之、文振旺，于 1959 年出版。该书编写汲取、利用了当时已发表的土壤调查结果，广泛参考了地质、地貌、植物、气候和农业资料，在方法和实用性方面都是当时较先进的，为中国第一部较翔实的土壤区划。它强调土壤发生学原则和地带性分布规律。强调土壤生物气候特征是土壤区划高级单位系统的依据，而以土壤地带性的概念为区划的主要理论基础：分级单位系统为土壤生物气候带、土壤生物气候地区（或亚地区）、土壤地带（或亚地带）、土壤省、土壤区、土组和土片。对各级划分进行了详细叙述。

2. 结果

依据上述土壤区划的原则，该区划将我国划分为 4 个 0 级带、12 个一级地区、6 个亚地区、18 个二级地带、6 个亚地带（区划系统如表 4-10）。

表 4-10　　　　　　　中国土壤区划（草案）

0 级带	一级地区	亚地区	二级地带	亚地带
温带	大兴安岭北部泰加森林土壤地区			南泰加林棕色泰加林土亚地带
	东北东部森林土壤地区		针阔叶混交林灰棕壤地带	
	东北和内蒙古东部森林草原土壤地区		森林草原和草原黑土地带	森林草原淋溶黑土亚地带
			干草原栗钙土地带	暗栗钙土亚地带，淡栗钙土亚地带
	内蒙古—新疆干旱半荒漠和荒漠土壤地区	内蒙古—新疆亚地区	半荒漠棕钙土地带	荒漠草原棕钙土亚地带，草原化荒漠浅棕钙土亚地带
			山前荒漠草原灰钙土地带	
			灌木荒漠灰棕荒漠土地带	
		中亚细亚亚地区	半荒漠棕钙土地带	荒漠草原棕钙土亚地带，草原化荒漠浅棕钙土亚地带
			山前荒漠草原灰钙土地带	

续表

0级带	一级地区	亚地区	二级地带	亚地带
暖温带	华北和东北南部森林土壤地区		落叶阔叶林棕壤地带	
	华北干旱森林、森林草原土壤地区		干旱森林和森林草原褐土地带	干旱森林淋溶褐土亚地带
			草原和干草原黑垆土地带	
	南疆极端干旱荒漠土壤地区		灌木荒漠、棕色荒漠土地带	
	青藏高原南部东部山地森林、草甸和草原土壤地区		山前草原森林和草甸土壤垂直带，山地草原和草甸土壤垂直带	
亚热带	青藏高原西北部寒冷荒漠土壤地区		干寒荒漠土地带，高原寒漠土地带	
	华中和华南森林土壤地区	东部亚地区	北亚热带灌生常绿阔叶树种的落叶阔叶林黄棕壤地带	
			中亚热带常绿阔叶林红壤和黄壤地带	
			南亚热带季雨林砖红壤性红壤地带	
		西部亚地区	常绿阔叶林红壤和砖红壤性红壤地带	
	横断山脉北部山地森林和草甸土壤地区		山地森林、草甸土壤垂直带	
热带	粤南和滇南森林土壤地区	东部亚地区	热带季雨林砖红壤地带	
		西部亚地区	热带季雨林砖红壤性土地带	

第二十四节 《中国动物地理区划》中的空间秩序

1959年，郑作新、张荣祖综合鸟类和兽类的研究资料提出我国动物地理区划草案，张荣祖根据动物分布与生态环境的联系建立了中国脊柱动物生态地理分布系统，划分3个（一级）大生态动物地理群，7个（二级）基本的生态动物地理群，14个（三级）生态动物地理群。于1978年经由集体讨论做了修订，主要的变更是将亚区由16个增至19个，并在界线上做了调整。将全国划为2个界、3个亚界、7个区和19个亚区，并进行了若干区划问题的讨论。论述每一区的代表种、优势种和有经济价值的种以及动物种与环境的相互关系，这是动物学与地理学杂交的产物，也是中国动物地理学的一个里程碑。后于1998年对该区划又做了一次讨论与修订。具体区划结果如表4–11。

表 4–11　　　　　中国动物地理区划（1959）

0级区界	亚界	1级区	2级区
古北界	东北区亚界	Ⅰ 东北区	ⅠA 大兴安岭亚区（附阿尔泰山地）
			ⅠB 长白山地亚区
			ⅠC 松辽平原亚区
		Ⅱ 华北区	ⅡA 黄淮平原亚区
			ⅡB 黄土高原亚区
	中亚亚界	Ⅲ 蒙新区	ⅢA 东部草原亚区
			ⅢB 西部荒漠亚区
			ⅢC 天山山地亚区
		Ⅳ 青藏区	ⅣA 羌塘高原亚区
			ⅣB 青海藏南亚区
东洋界	中印亚界	Ⅴ 西南区	ⅤA 西南山地亚区
			ⅤB 喜马拉雅亚区
		Ⅵ 华中区	ⅥA 东部丘陵平原亚区
			ⅥB 西部山地高原亚区

续表

0级区界	亚界	1级区	2级区
东洋界	中印亚界	Ⅶ 华南区	ⅦA 闽广沿海亚区
			ⅦB 滇南山地亚区
			ⅦC 海南亚区
			ⅦD 台湾亚区
			ⅦE 南海诸岛亚区

第二十五节 《中国地貌区划（初稿）》中的空间秩序

1956—1958年，沈玉昌负责中国自然区划中地貌区划部分的工作，沈玉昌与施雅风、严钦尚、陈吉余、杨怀仁、任美锷、王乃樑、周廷儒等著名地貌学家共同努力，在深入研究中国地貌类型、地貌区划原则与方法等问题的基础上，出色地完成了中国地貌区划工作。

沈玉昌等1959年在《中国地貌区划（初稿）》中，以地面形态成因、大地构造标志、区域性和综合性等4项原则，将全国分为18个一级地貌区、55个二级地貌区和114个三级地貌区。这是中国首个系统的地貌区划，提出了地貌区划的原则和依据，其中第一级区称为地貌区，第二级区称为地貌地区，第三级区称为地貌省。具体区划系统如表4–12。

表4–12　　　　　　中国地貌区划（初稿）（1959）

地貌区	地貌地区	地貌省
Ⅰ 东部低地	Ⅰ1 三江湖冲积平原	
	Ⅰ2 东北洪积冲积平原	Ⅰ2A 兴安岭及东北东部山地山麓冲积洪积平原
		Ⅰ2B 松嫩冲积平原
		Ⅰ2C 内蒙①东南沙丘覆盖的冲积平原
		Ⅰ2D 辽河下游三角洲与冲积平原
	Ⅰ3 华北冲积平原	Ⅰ3A 海河黄河淮河冲积平原与三角洲
		Ⅰ3B 太行山秦岭东麓洪积冲积扇形平原
		Ⅰ3C 大别山北麓洪积冲积剥蚀平原

① 今内蒙古地区。下同。

续表

地貌区	地貌地区	地貌省
Ⅰ 东部低地	Ⅰ4 江浙冲积平原	Ⅰ4A 苏北黄淮冲积平原
		Ⅰ4B 长江三角洲
Ⅱ 东北东部山地与山东低山丘陵	Ⅱ1 东北东部山地	Ⅱ1A 吉东低山与丘陵
		Ⅱ1B 长白山熔岩高原与中山
		Ⅱ1C 辽东丘陵
	Ⅱ2 山东低山与丘陵	Ⅱ2A 胶东低山与丘陵
		Ⅱ2B 胶莱剥蚀冲积平原
		Ⅱ2C 鲁中南低山与丘陵
Ⅲ 大兴安岭山地与台原	Ⅲ1 大兴安岭低山中山与台原	Ⅲ1A 大兴安岭低山与中山
		Ⅲ1B 大兴安岭北部台原
	Ⅲ2 大兴安岭低山与丘陵	Ⅲ2A 大兴安岭北部低山与丘陵
		Ⅲ2B 大兴安岭南部低山与丘陵
Ⅳ 内蒙古高平原	Ⅳ1 呼伦贝尔高平原	
	Ⅳ2 锡林郭勒高平原	
	Ⅳ3 东蒙南部丘陵	
Ⅴ 华北山地与高原	Ⅴ1 蒙陕平原与丘陵	Ⅴ1A 陕北黄土高原与丘陵
		Ⅴ1B 鄂尔多斯平原
		Ⅴ1C 河套平原
		Ⅴ1D 宁夏平原
		Ⅴ1E 贺兰山与桌子山
	Ⅴ2 阴山山地	Ⅴ2A 大青山中山
		Ⅴ2B 集宁—张北熔岩台地与湖盆平原
	Ⅴ3 山西中山与高原	Ⅴ3A 晋陕中部盆地
		Ⅴ3B 晋东北翼西中山
		Ⅴ3C 晋东南中山与高原
		Ⅴ3D 晋西中山
	Ⅴ4 冀北辽西侵蚀中山低山与昭盟玄武岩高原	Ⅴ4A 昭盟玄武岩高原
		Ⅴ4B 辽西低山与丘陵
		Ⅴ4C 冀北中山
	Ⅴ5 甘肃中山与黄土丘陵	Ⅴ5A 陇中山地与黄土丘陵
		Ⅴ5B 六盘水中山

续表

地貌区	地貌地区	地貌省
Ⅵ 阿尔泰山地		
Ⅶ 准噶尔平原与山地	Ⅶ1 准噶尔盆地	Ⅶ1A 乌伦古—额尔齐斯具有沙丘的冲积平原
		Ⅶ1B 准噶尔中部干燥剥蚀高平原
		Ⅶ1C 准噶尔南部平原
	Ⅶ2 东准噶尔高原与盆地	
	Ⅶ3 西准噶尔高原与盆地	
	Ⅶ4 塔城平原	
Ⅷ 天山山地	Ⅷ1 北天山山地	Ⅷ1A 西段北天山
		Ⅷ1B 东段北天山
	Ⅷ2 中天山山地与山间平原	Ⅷ2A 伊犁河洪积冲积平原
		Ⅷ2B 天山内带山地与山间盆地
		Ⅷ2C 哈密—吐鲁番盆地
	Ⅷ3 南天山山地	
Ⅸ 塔里木—阿拉善平原	Ⅸ1 塔里木盆地	Ⅸ1A 塔克拉玛干沙丘平原
		Ⅸ1B 昆仑山山前沙丘分布的冲积洪积平原
		Ⅸ1C 喀什噶尔①冲积洪积平原
		Ⅸ1D 天山山前洪积冲积平原
		Ⅸ1E 罗布泊风蚀湖积平原
		Ⅸ1F 柯坪拜城干燥剥蚀山地与山间平原
	Ⅸ2 阿拉善平原	
	Ⅸ3 河西走廊	
	Ⅸ4 北山残山	Ⅸ4A 甘肃北山
		Ⅸ4B 新疆北山
Ⅹ 祁连山与阿尔金山山地	Ⅹ1 祁连山山地	Ⅹ1A 北祁连山高山与谷地
		Ⅹ1B 疏勒河党河上游高山与谷地
		Ⅹ1C 南祁连山高山与谷地
		Ⅹ1D 青海湖—哈拉湖山地与山间湖泊盆地
		Ⅹ1E 湟水与黄河谷地
	Ⅹ2 阿尔金山山地	

---

① 今喀什噶尔。

续表

地貌区	地貌地区	地貌省
XI 柴达木—卡不卡平原与山地	XI1 柴达木盆地	XI1A 南柴达木洪积湖积平原
		XI1B 西柴达木干燥剥蚀丘陵高平原
		XI1C 北柴达木干燥剥蚀中山与洪积湖积平原
	XI2 卡不卡平原与山地	
XII 秦岭淮阳中山与低山	XII1 秦岭与大巴山中山	XII1A 秦岭中山
		XII1B 大巴山中山与低山
		XII1C 豫西低山与丘陵
		XII1D 豫鄂陕边界断裂低山与红盆地丘陵
	XII2 淮阳低山与丘陵	XII2A 唐白河冲积平原
		XII2B 大洪山低山与丘陵
		XII2C 大别山低山与丘陵
XIII 华东华南低山与丘陵	XIII1 长江中下游湖积冲积平原	XIII1A 江汉湖积冲积平原
		XIII1B 长江下游湖积冲积平原
		XIII1C 鄱阳湖湖积冲积平原
	XIII2 华中华东低山与丘陵	XIII2A 浙皖边区低山
		XIII2B 金衢丘陵
		XIII2C 赣东低山与丘陵
		XIII2D 赣中丘陵
		XIII2E 湘赣边区低山与丘陵
		XIII2F 湘中丘陵
		XIII2G 湘西低山与丘陵
		XIII2H 湘赣粤边区低山与中山
	XIII3 东南沿海低山与丘陵	XIII3A 浙东低山与丘陵
		XIII3B 闽浙流纹岩低山与中山
		XIII3C 闽西北低山与中山
		XIII3D 闽西南低山与丘陵
		XIII3E 粤东中山低山与丘陵
		XIII3F 闽粤沿海花岗岩丘陵
		XIII3G 珠江三角洲与丘陵
		XIII3H 粤桂低山与丘陵

续表

地貌区	地貌地区	地貌省
XIII 华东华南低山与丘陵	XIII 4 广西盆地喀斯特低山中山与丘陵	XIII 4 桂东北中山与喀斯特低山
		XIII 4 桂中喀斯特丘陵与平原
		XIII 4 桂西中山低山与丘陵
		XIII 4 桂南郁江流域平原与丘陵
		XIII 4 桂西南喀斯特低山与丘陵
	XIII 5 琼雷台地与山地	XIII 5A 琼雷台地
		XIII 5B 海南岛南部侵蚀中山
	XIII 6 南海诸岛	
XIV 鄂西黔中滇东中山高原与山原	XIV A 鄂西黔北中山与低山	
	XIV B 黔中山原	
	XIV C 黔西高原	
	XIV D 滇桂中山与丘陵	
XV 四川盆地	XV A 川东低山与丘陵	
	XV B 川中低山与丘陵	
	XV C 川西洪积冲积扇形平原	
VVI 青藏山原昆仑山与横断山系	VVI 1 藏北台原	
	VVI 2 西昆仑与喀喇昆仑高山	VVI 2A 西昆仑冰蚀高山
		VVI 2B 喀喇昆仑冰蚀高山
	VVI 3 东昆仑山原	VVI 3A 西部东昆仑山山原
		VVI 3B 库木库里洪积湖积盆地
		VVI 3C 东部东昆仑山原
	VVI 4 青南藏东川西滇西山原与高山	VVI 4A 青南藏东川西山原
		VVI 4B 滇西横断山高山峡谷
		VVI 4C 滇西南山原
		VVI 4D 滇西高原
	VVI 5 川西南滇中高山与高原	VVI 5A 川西南高山
		VVI 5B 滇中高原

续表

地貌区	地貌地区	地貌省
XVII 喜马拉雅极高山	XVII A 藏南冰蚀侵蚀高山	
	XVII B 大喜马拉雅冰蚀极高山	
XVIII 台湾平原与山地	XVIII A 台中中山	
	XVIII B 台西丘陵平原	

第二十六节 中国冻土的空间秩序

20世纪50年代以后，在冻土学方面，开展了对东北和青藏高原地区多年冻土分布特征的研究，全面论述了我国多年冻土的基本特征和分布发育的地带性、区域性规律，编制了中国冻土分布图，明确划分出高纬度多年冻土和高海拔多年冻土。

第二十七节 "甘肃省自然地理区划"的空间秩序

1959年，以冯绳武为主要完成人的甘肃省自然地理区划，同时考虑地带性和非地带性因素，将全省分为区域、地区、地带及省区4级区划，并对每个地带的范围和特征详加说明。

第二十八节 斯查勒气候分类中的空间秩序

斯查勒气候分类是1959年美国地理学者斯查勒提出的气候分类法，是指将气候与气团地理型、土壤水分平衡相联系的一种气候分类方法。斯查勒气候分类法首先根据气团源地、分布、锋的位置和它们的季节变化，将全球气候分为三带，即低纬度气候带、中纬度气候带和高纬度气候带，并用C. W. 桑斯维特方法计算可能蒸散量，取年总可能蒸散量130厘米等值线和 52.5 厘米等值线分别作为低纬气候带与中纬气候带、中纬气候带与高纬气候带的分界线。其次，采用 C. W. 桑斯维特方法计算土壤水分平衡，以土壤年总缺水量 15 厘米作为干燥气候（>15 厘米）与湿润气候（<15 厘米）的分界，并按土壤湿度的季节变化，划分干湿季气候。最后，在干燥气候型内，按土壤储水量的多少划分干旱、半沙漠和沙漠 3 个副型。湿润气候型则按土壤多余水量的大小，划分过湿、湿润和半湿润 3 个副型。这样，全球气候分为 3 个气候带、13 个气候型（包括高地气候型）、25 个气候副型，高地气候则另列一类，具体区划系统如表 4-13。

表 4-13　　　　　　　　　　气候类型划分

气候带	气候类型	气候描述
低纬度气候带	热带雨林气候	位于赤道及其两侧，大约向南、向北伸展到 5°—10°左右，各地宽窄不一，其特征为全年高温多雨，无明显的季节区别
	热带季风气候	分布在纬度 10°—20°的大陆东岸地区是亚洲独有气候。其特征是终年高温、季风显著，干湿季明显、盛行热带气旋
	热带草原气候	分布在南北纬 10°至南北回归线之间，处于赤道低压带与信风带交替控制区。全年气温高，年平均气温约 25℃。当赤道低压带控制时期，赤道气团盛行，降水集中；信风带控制时期，受热带大陆气团控制，干旱少雨。年降水量一般在 700—1000 毫米，有明显的较长干季，自然植被为热带稀树草原
	热带沙漠气候	主要分布在赤道附近，北纬 15°—30°之间的地区。这些地区的气候特点是干燥、高温、多风，植被稀少，土地贫瘠，易于沙漠化
中纬度气候带	温带季风气候	分布在北半球中纬度大陆东岸，年平均气温不低于 0℃，年积温介于 3200℃—4500℃，夏季高温多雨，冬季寒冷干燥，四季分明，是亚热带与温带之间的过渡气候
	温带大陆性气候	主要分布在南、北纬 40°—60°的亚欧大陆和北美大陆内陆地区和南美东南部。由于远离海洋，或者地形阻挡，湿润气团难以到达，因而干燥少雨，气候呈极端大陆性，气温年、月较差为各气候类型之最。温带森林气候除外，能受到海洋风影响，降水较其他类型偏多，气温较差较小

续表

气候带	气候类型	气候描述
	温带海洋性气候	分布在纬度40°—60°之间的大陆西岸。它是一种全年温和潮湿的气候类型,其特征十分明显:冬无严寒,夏无酷暑,全年降水分配较为均匀
	地中海气候	分布于南北纬30°—40°大陆西岸。夏季在副热带高压控制下,气流下沉,气候炎热干燥少雨,云量稀少,阳光充足。冬季受西风带控制,锋面气旋频繁活动,气候温和,最冷月气温在4℃—10℃之间,降水量丰沛
	副热带干旱气候	分布于热带干旱气候向较高纬度的一侧,约在南北纬25°—35°的大陆西部和内陆地区。它是在副热带高压下沉气流和信风带背岸风的作用下所形成的一种全年干旱少雨气候
	副热带半干旱气候	分布于副热带干旱气候区的外缘,全年干旱少雨。与副热带干旱气候的主要区别是夏季气温较低,最热月平均气温低于30℃;年降水量较多,大于250mm,所以土壤储水量增大,能够维持草类生长
高纬度气候带	亚寒带针叶林气候	分布在北纬50°—65°之间的亚欧大陆和北美大陆。受极地海洋气团和极地大陆气团的影响,冬季漫长严寒,夏季短促温暖,相对湿度较高,气温年较差大
	苔原气候	多分布在欧亚大陆和北美大陆北部。由于受极地大陆气团与北极气团的支配,全年气候寒冷,年平均温度低于0℃,最热月平均温度虽然高于0℃,但仍然低于10℃,年降水量都在250毫米以下,大部分降水是雪,部分冰雪夏季能短期融化。相对湿度大,蒸发量小,沿岸多雾
	极地冰原气候	位于极地附近,主要分布在南极大陆和格陵兰内陆地区,北冰洋若干岛屿上也有分布。这里是冰洋气团的源地。一年之中有时期是极夜,受不到太阳辐射。气候地区地面多被巨厚冰雪覆盖,又多凛冽风暴,植物难以生长

第二十九节 中国"二五"计划中的空间秩序

第二个五年计划,1958—1962年发展国民经济计划,简称"二五"计划。在1956年9月召开的党的"八大"正式通过由周恩来主持编制的

《关于发展国民经济的第二个五年计划的建议的报告》。由于实施过程中的巨大波动,"二五"计划实际上分成"大跃进"和调整时期两个阶段。"二五"计划中涉及的空间秩序主要有:加强内地工业的新建设,也将促进少数民族地区经济和文化的发展。在第二个五年计划期间,必须继续进行华中和内蒙古两地区以钢铁工业为中心的工业基地的建设,积极进行西南、西北和三门峡周围等地区以钢铁工业和大型水电站为中心的新工业基地的建设,继续进行新疆地区石油工业和有色金属工业的建设,并且加强西藏地区的地质工作,为发展西藏的工业准备条件。

必须充分地利用近海地区原有的工业基础。在第二个五年计划期间,应该继续加强东北的工业基地,充分利用和适当加强华东、华北、华南各地区近海城市的工业。

在工业地点的分布问题上,不论是内地的工业或者近海地区的工业,既要适当分散,又要互相配合,反对过分集中和互不联系的两种偏向。

随着工业生产力的合理分布,将要建设许多新的城市和扩建许多原有的城市,为此,应该加强城市的规划工作和建设工作,求得同工业建设相配合。

第五章
空间秩序：公元 1960—1979 年

第一节 任美锷自然区划中的空间秩序

1961 年，任美锷等对黄秉维 1959 年方案提出了不同见解，在区划指标应否统一，对指标数量分析如何评价，区划的等级单位如何拟定，各级自然区域如何命名等问题上，发表了简明扼要的看法。依照自然情况差异的主要矛盾以及改造自然的不同方向，将全国划分为 8 个自然区（东北、华北、华中、华南、西南、内蒙古、西北、青藏）、23 个自然地区和 65 个自然省。方案把大兴安岭南段划入内蒙古区，把辽河平原划入华北区，把横断山脉北段划入青藏区，以及把柴达木盆地划入西北区等，曾在地理学界引起热烈的讨论。在较高级单位中把地带性与非地带性两种规律同时并用，这是一大优点。1979 年出版的《中国自然地理纲要》一书，对该方案进行了补充和较详细的阐述，1982 年进行了修订。任美锷在区划指标应否统一、指标数量分析如何评价区划等级单位的拟定和各级自然区域命名等方面提出了与黄秉维方案不同的见解。1992 年，《中国自然区域及开发整治》论述了自然地理区的划分原则、方法与区划，方案把全国分为 8 个自然区、30 个自然亚区和 71 个自然小区，小区为重点说明按自然区阐述资源利用与环境整治问题。

除此之外，1961—1962 年，任美锷等还划定了全国三条重要的农业区划界线：①北方旱地农业与西北灌溉农业两大区的分界线；②北方旱地农业和南方水田农业及亚热带、热带经济林两大区的分界线；③青藏高原边缘线（西部高原牧业与东部农业分界线）。该区划方案从全国范围内考虑了农业发展的总体部署，拟定了农业技术政策和农业技术改革的方向与重点，具有重要的指导意义。在这项工作的基础上，主持编写了国内第一本《全国农业生产特征与农作物分布图集》，全面反映了中国农作物的类型结构、生产特点及其地域分布规律。

第二节 "苏联土壤地理区划新方案"中的空间秩序

1962年，E. H. 伊万诺娃在第七届国际土壤学会上报告了从土壤组合的结构、性质和成因，以及决定的地理因素进行分析，通过以下分级系统制定了苏联土壤区划的新方案。具体结果如表5–1。

表 5–1　　　　　　　　苏联土壤地理区划

土壤生物气候带	土壤生物气候地区			土壤地带或亚地带	平原区土壤省	山地土壤省
	西部（大西洋）海洋区	中部大陆和极端大陆区	东部（太平洋）海洋区			
极地带（寒带）	欧亚大陆极地区			北极地带		乌拉尔—新地省 楚克奇省 泰麦尔省
^	^			副北极带冰沼土地带	科拉省 楚克奇—阿纳德尔省 卡宁—彼乔拉省 北西伯利亚省	^
北方带（寒温带）	西部草甸森林区	中部泰加林区		针叶阔叶林棕色森林土和生草灰化土地带	加里宁省	
^	^	^		北部泰加林潜育灰化土亚地带	科拉—卡累利阿省 奥涅加—蒂曼省 蒂曼—彼乔拉省 西西伯利亚省	希宾省 乌拉尔省

续表

土壤生物气候带	土壤生物气候地区			土壤地带或亚地带	平原区土壤省	山地土壤省
	西部（大西洋）海洋区	中部大陆和极端大陆区	东部（太平洋）海洋区			
北方带（寒温带）		中部泰加林区		中部泰加林灰化土亚地带	卡累利阿省 奥涅加—德维纳省 维契格达省 西西伯利亚省	希宾省 乌拉尔省
				南部泰加林生草灰土亚地带	波罗的梅沿海省 白俄罗斯省 中俄罗斯省 维亚特卡—卡马省 西西伯利亚省 安加拉河沿岸省	
				阔叶林灰色森林土地带	乌克兰省 中俄罗斯省 卡马河沿岸省 西西伯利亚省 阿尔泰省	
		东西伯利亚冻层泰加林区		北部泰加林潜育冻层泰加林土亚地带	北部勒拿省 雅纳—科雷马省	科雷马省 阿穆尔—上布雷省 外贝加尔湖省 阿尔丹沿岸省 北部贝加尔湖沿岸省
				中部泰加林冻层泰加土和乳黄色泰加土亚地带	中西伯利亚省 中部雅库蒂省	

续表

土壤生物气候带	土壤生物气候地区			土壤地带或亚地带	平原区土壤省	山地土壤省
	西部（大西洋）海洋区	中部大陆和极端大陆区	东部（太平洋）海洋区			
北方带（寒温带）		东西伯利亚冻层泰加林区		南部泰加林生草冻层灰化泰加林土亚地带	上泽雅省	东萨扬省 叶尼塞河沿岸省
				阔叶林冻层灰色森林土地带	外贝加尔湖省	普托兰纳省 维霍扬省
			远东泰加草甸森林区	草甸森林粗腐殖质生草土地带	东堪察加省 西堪察加省 中堪察加省	堪察加省 鄂霍次克省
				泰加阔叶林灰化土和酸性非灰化土地带	马加丹省 阿穆尔—北库页省	锡霍特阿林—库页省
副北方带（温带）	西部棕壤森林区			阔叶林灰化棕色森林土和典型棕色森林土地带	外喀尔巴阡山省	喀尔巴阡山省 北高加索省 克里木省 东高加索省
		中部森林草原和草原区		森林草原准灰化黑钙土淋溶黑钙土和典型黑钙土地带	乌克兰省 中俄罗斯省 伏尔加河东岸省 西西伯利亚省 前阿尔泰省 西萨扬省 东萨扬省	南乌克兰省 南阿尔泰省 阿尔泰—萨扬省

续表

土壤生物气候带	土壤生物气候地区			土壤地带或亚地带	平原区土壤省	山地土壤省
	西部（大西洋）海洋区	中部大陆和极端大陆区	东部（太平洋）海洋区			
副北方带（温带）		中部森林草原和草原区		草原普通黑钙土和南方黑钙土地带	多瑙河沿岸省 乌克兰省 亚速海沿岸—前高加索省 中俄罗斯省 伏尔加河东岸省 哈萨克斯坦省 前阿尔泰省 米努辛斯克省 外贝加尔湖省	南乌克兰省 南阿尔泰省 阿尔泰—萨扬省
				干草原暗粟钙土和粟钙土地带	东前高加索省 顿河省 伏尔加河东岸省 哈萨克斯坦省 图瓦省 外贝加尔湖省	
		东部棕壤森林区		针叶阔叶林棕色森林土和生草灰化土地带	乌苏里江—兴凯湖省 泽雅—布雷省	南锡霍特—阿林省
		荒漠草原和荒漠区		荒漠草原淡粟钙土和棕钙土地带	里海沿岸省 哈萨克斯坦省	内达格斯坦省 萨乌尔—塔尔巴哈台省 北天山省
				荒漠灰棕钙土地带	威海—里海省 威海—巴尔哈什省	

续表

土壤生物气候带	土壤生物气候地区			土壤地带或亚地带	平原区土壤省	山地土壤省
	西部（大西洋）海洋区	中部大陆和极端大陆区	东部（太平洋）海洋区			
副北方带（温带）		荒漠草原和荒漠区		山前荒漠草原少碳盐酸灰钙土地带	北天山省	
		高山荒漠区				中天山省 东帕米尔省
亚热带暖湿带	亚热带暖温带湿生森林区			湿生林黄壤红壤地带	科尔希达省	西外高加索省
		亚热带暖温带旱生森林和灌木草原区		褐色土和灰褐色土地带	阿拉赞尼—库林省	东高加索省 南高加索省
		亚热带暖温带荒漠草原和荒漠区		荒漠"南方灰棕钙土"地带	北图兰省 南图兰省	西天山省 巴达黑山—吉沙尔省 科彼达省
				山前荒漠草原灰钙土地带	库拉—阿拉克辛省 西天山省 吉沙尔省 科彼达省	

其分级系统结构如图 5-1 所示。

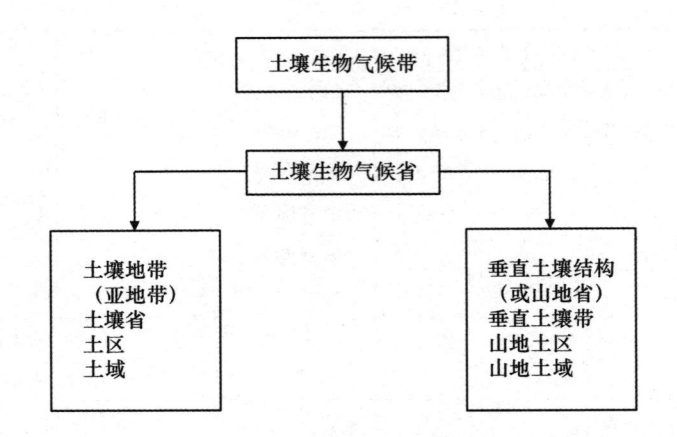

```
         ┌─────────────────┐
         │  土壤生物气候带  │
         └────────┬────────┘
                  ↓
         ┌─────────────────┐
         │  土壤生物气候省  │
         └────────┬────────┘
          ┌───────┴───────┐
          ↓               ↓
┌──────────────┐  ┌──────────────┐
│  土壤地带    │  │  垂直土壤结构│
│  （亚地带）  │  │  （或山地省）│
│  土壤省      │  │  垂直土壤带  │
│  土区        │  │  山地土区    │
│  土域        │  │  山地土域    │
└──────────────┘  └──────────────┘
```

图 5-1　分级系统结构图

第三节　《对于中国各自然区的农、林、牧、副、渔业发展方向的意见》中的空间秩序

《科学通报》1963 年第 9 期发表了侯学煜先生等《对于中国各自然区的农、林、牧、副、渔业发展方向的意见》。侯学煜在气候、土壤、水利、地貌、植被、动植物生态等学科的基础上，综合研究了以发展农、林、牧、副、渔为目的的自然区划，提出了各个自然区的综合发展方向。首先按照温度指标，把我国由北而南分为 6 个自然带和 1 个高寒区（温带、暖温带、半亚热带、亚热带、半热带、热带及青藏高原区），其次根据水分和温度状况将全国划分为 29 个自然区，并就各个自然区的农、林、牧、副、渔业的生产配置、安排次序、改造利用等方面提出了轮廓性意见。与其他各自然地理区划方案相比，本方案的目的性更为明确，更偏重于实用。具体结果如表 5-2。

表5-2　　　　以发展农林牧副渔业为目的的中国自然区划

一级区划	二级区划
Ⅰ温带（一年一作）	Ⅰ1 大兴安岭亮针叶林区（落叶松、狩猎）
	Ⅰ2 东北东部山地针叶—落叶阔叶混交林区（红松、落叶松、养鹿、狩猎、人参）
	Ⅰ3 松辽平原森林草原区（大豆、杂粮、马铃薯、亚麻、甜菜、牛、羊、鱼）
	Ⅰ4 内蒙古高原草原区（牛、羊、马、春小麦、马铃薯、莜麦、甜菜、亚麻）
	Ⅰ5 鄂尔多斯高原和半荒漠区（羊、马、春小麦、杂粮、甜菜、亚麻）
	Ⅰ6 阿尔泰山亮针叶林和草原区（羊、牛、马、落叶松、云杉、狩猎、养麝鼠）
	Ⅰ7 天山山地草原和暗针叶林区（羊、马、云杉）
	Ⅰ8 阿拉善沙漠和砾漠区（骆驼、羊）
	Ⅰ9 准噶尔盆地沙漠和土漠区（羊、春小麦、杂粮、甜菜、鱼、狩猎）
Ⅱ暖温带（二年三作、东部、南部一年二作）	Ⅱ1 辽东、山东半岛落叶阔叶林区（落叶水果、冬小麦、花生、红薯、柞蚕、板栗）
	Ⅱ2 华北平原落叶阔叶林区（冬小麦、棉花、杂粮、大豆、红薯、花生、烟草、芝麻、落叶水果、核桃、枣）
	Ⅱ3 黄土高原森林草原区（冬小麦、杂粮、羊、核桃、枣、侧柏、栎树）
	Ⅱ4 南疆沙漠和砾漠区（棉花、冬小麦、瓜类、落叶水果、核桃、羊、羊鹿）
Ⅲ半亚热带（一年二作）	Ⅲ1 长江中下游亚热带性落叶阔叶林区（水稻、棉花、冬小麦、油菜、芝麻、蚕桑、鱼）
	Ⅲ2 秦巴山地亚热带性落叶阔叶林区（水稻、冬小麦、华山松、柞蚕、核桃）
Ⅳ亚热带（二年五作）	Ⅳ1 江南丘陵山地常绿阔叶林区（水稻、油菜、苎麻、黄麻、油菜、马尾松、杉木、毛竹、柑橘、油桐、漆）
	Ⅳ2 四川盆地常绿阔叶林区（柑橘、甘蔗、水稻、冬小麦、油菜、红薯、杂粮、油桐、柏木、慈竹、蚕桑、棕榈）
	Ⅳ3 黔、鄂高原常绿阔叶林区（杉木、马尾松、柏木、油桐、漆、板栗、杜仲、茶、落叶果树、水稻、玉米、油菜、烟草、柞蚕）
	Ⅳ4 云南高原常绿阔叶林区（云南松、华山松、板栗、核桃、落叶水果、水稻、玉米、马铃薯、油菜、烟草、羊、鱼）

续表

一级区划	二级区划
V半热带（一年三作，双季水稻和一季冬作）	V1 台湾热带性常绿阔叶林区（热带果类、甘蔗、水稻、红薯、木薯、芋类、茶、樟树、冷杉、云杉、狩猎）
	V2 岭南丘陵热带型常绿阔叶林区（热带果类、甘蔗、水稻、红薯、木薯、芋类、花生、黄麻）
	V3 滇南热带型常绿阔叶林区（热带经济作物、狩猎、紫胶虫）
VI热带（一年三作、三季水稻）	VI1 琼、雷和南海诸岛季雨林和雨林区（热带经济作物、热带果类、水稻、甘蔗）
VII青藏高寒区域（局部农业）	VII1 青海东部山地草原和暗针叶林区（羊、马、云杉、青稞、春小麦、油菜、鱼）
	VII2 青藏高原东南缘暗针叶林和草甸区（云杉、冷杉、牦牛、羊、药材、狩猎、青稞）
	VII3 藏南山地灌丛和草原区（青稞、根茎作物、羊、牦牛）
	VII4 藏东高寒草原和草甸区（牦牛、羊、药材）
	VII5 柴达木盆地沙漠和山地草原区（羊、春小麦、青稞）
	VII6 羌塘高寒沙漠和高寒半荒漠（牦牛、羊）

第四节 "三线建设"中的空间秩序

1. 概况

三线建设，简言之就是指自1964年至1980年我国在中西部地区的13个省、自治区进行的一场以战备为指导思想的大规模国防、科技、工业和交通基本设施建设。

2. 结果

所谓"三线"，一般是指当时经济相对发达且处于国防前线的沿边沿海地区向内地收缩划分的三道线。一线地区指位于沿边沿海的前线地区；二线地区指一线地区与京广铁路之间的安徽、江西及河北、河南、湖北、湖南四省的东半部；三线地区指长城以南、广东韶关以北、京广铁路以西、甘肃乌鞘岭以东的广大地区，主要包括四川（含重庆）、贵州、云南、陕西、甘肃、宁夏、青海等省区以及山西、河北、河南、湖南、湖北、广西、广东等省区的部分地区，其中西南的川、贵、云和西北的陕、甘、宁、青俗称为"大三线"，一、二线地区的腹地俗称为"小三线"。

表 5-3　　　　　　　　　三线建设（1964）

	行政区
一线地区	北京、上海、天津、黑龙江、吉林、辽宁、内蒙古、山东、江苏、浙江、福建、广东、新疆、西藏
二线地区	介于一、三线地区之间的地区
三线地区	四川（含重庆）、贵州、云南、陕西、甘肃、宁夏、青海7个省区及山西、河北、河南、湖南、湖北、广西等省区的腹地部分

第五节　"中国自然环境及其地域分异的综合研究"中的空间秩序

1964—1965 年，沈玉昌负责南水北调金沙江考察和黄淮海平原地貌图两项国家重点项目的研究，提交了《金沙江考察报告》和《1∶50万黄淮海平原地貌图》；1976—1977 年主持了"六五"全国科学技术发展规划和国家自然科学基金课题中的"中国1∶100万地貌图编制研究"。沈玉昌作为主要研究者所完成的《中国自然区划（地貌）》《国家大地图集（地貌）》《中国自然地理》的地貌卷三项成果，构成了"中国自然环境及其地域分异的综合研究"成果。

第六节　《中国土壤区划》中的空间秩序

中国科学院南京研究所在科学认识中国各地区差距和特征的基础上，根据水、热条件，结合区域生态景观的特点，将我国划分为 5 个土壤气候带、15 个土壤地区和若干个亚地区（区划系统如表 5-4）。

表 5-4　　　　　　　　　　　中国土壤区划

温度带	土壤地区名称
寒温带（Ⅰ）	大兴安岭北部和阿尔泰山西北部泰加森林土壤地区（Ⅰ1）
温带（Ⅱ）	东北东部森林土壤地区（Ⅱ1）
	东北和内蒙古东部及阿尔泰山东南部森林草原和草原土壤地区（Ⅱ2）
	甘蒙新半荒漠和荒漠土壤地区（Ⅱ3）
	新疆西北部半荒漠土壤地区（Ⅱ4）
暖温带（Ⅲ）	东北南部和华北南端森林土壤地区（Ⅲ1）
	华北干性森林灌木草原和草原土壤地区（Ⅲ2）
	新疆极端干旱荒漠土壤地区（Ⅲ3）
	青藏高原东南部森林、草原和草甸土壤地区（Ⅲ4）
	青藏高原西北部半荒漠和荒漠土壤地区（Ⅲ5）
亚热带（Ⅳ）	华中和华南湿润森林土壤地区（Ⅳ1）
	西南高原干湿交替森林土壤地区（Ⅳ2）
	喜马拉雅山南坡和高黎贡山西坡湿润森林土壤地区（Ⅳ3）
热带（Ⅴ）	台南、琼雷季雨林土壤地区（Ⅴ1）
	滇南季雨林土壤地区（Ⅴ2）

第七节　《论中国综合自然区划》中的空间秩序

黄秉维于1965年对综合自然区划的原则和方法作了进一步的阐述，补充修改了原有方案，明确将热量带改称为温度带。具体区划结果如表5-5。

表 5-5　　　　　　　　中国综合自然区划（1965）

一级自然区划带	次级自然区划带
ⅠA1 寒温带明亮针叶林地带（湿润）	大兴安岭北部
ⅡA1 中温带针叶阔叶混交林地带（湿润）	（1）三江平原
	（2）东北东部山地
ⅡA2 中温带森林草原地带（湿润）	东北东部山前平原

续表

一级自然区划带	次级自然区划带
ⅡB1 中温带湿草原地带（亚湿润）	（1）东北平原中部
	（2）大兴安岭中部
	（3）三河山前平原丘陵
ⅡC1 中温带草原地带暗栗钙土亚地带（半干旱）	（1）东北平原西南部
	（2）大兴安岭南部
	（3）呼伦贝尔—多伦高平原丘陵
	（4）雁北间山盆地
ⅡC2 中温带草原地带淡栗钙土亚地带（半干旱）	（1）锡林郭勒中部—大青山北麓高平原
	（2）前套—鄂尔多斯东部高平原
ⅡD1 中温带半荒漠地带（干旱）	（1）乌兰察布西北部—阴山狼山北坡高平原丘陵
	（2）河套—鄂尔多斯西部高平原
	（3）兰州—河西东部平原丘陵
	（4）阿尔泰山地
	（5）额尔齐斯河—准噶尔北部平原丘陵
	（6）塔城盆地
	（7）伊犁盆地
ⅡD2 中温带荒漠地带（干旱）	（1）阿拉善—额济纳高平原
	（2）马鬃山—诺明戈壁
	（3）准噶尔盆地南部
	（4）天山北坡及山前平原
ⅢA1 暖温带落叶阔叶林地带（湿润）	（1）辽东山地丘陵
	（2）胶东山地丘陵
ⅢB1 暖温带半干性落叶阔叶林地带（亚湿润）	（1）辽河下游平原
	（2）冀北山地
	（3）华北平原
	（4）鲁中山地
	（5）晋南关中盆地
ⅢC1 暖温带草原地带（半干旱）	晋中陕北陇东高原丘陵盆地
ⅢD1 暖温带荒漠地带（干旱）	（1）东疆间山盆地
	（2）天山南坡及山麓平原
	（3）塔里木盆地

续表

一级自然区划带	次级自然区划带
ⅣA1 凉亚热带落叶阔叶与常绿阔叶林地带（湿润）	（1）江汉中下游盆地平原
	（2）大别山地
	（3）汉中盆地
ⅣA2 中亚热带常绿阔叶林地带（湿润）	（1）江南—南岭山地丘陵盆地
	（2）大巴山南坡
	（3）四川盆地丘陵
	（4）贵州高原山地
	（5）滇中北高原山地
ⅣA3 暖亚热带常绿阔叶林地带（湿润）	（1）台湾山地
	（2）台湾中北部平原
	（3）闽、粤、桂丘陵平原
	（4）文山—保山山地丘陵
ⅤA1 热带雨林、季雨林地带（湿润）	（1）台南—高雄平原
	（2）粤南平原
	（3）滇南间山盆地
	（4）东沙、西沙、中沙群岛
	（5）海南岛北部
	（6）海南岛南部
ⅤA2 热带赤道雨林地带（湿润）	南沙群岛
ⅥA1 青藏高原常绿阔叶林地带（湿润）	喜马拉雅山东段南坡
ⅥA2 青藏高原针叶林与草甸地带（湿润）	横断山脉北部
ⅥB1 青藏高原草甸地带（亚湿润）	阿坝—玉树—黑河区
ⅥC1 青藏高原草甸、草原、森林地带（半干旱）	祁连山东部—黄河上游区
ⅥC2 青藏高原高寒草原地带（半干旱）	念青唐古拉山地
ⅥC3 青藏高原草甸、草原地带（半干旱）	雅鲁藏布江区
ⅥD1 青藏高原荒漠、半荒漠地带（干旱）	羌塘高原
ⅥD2 青藏高原荒漠、半荒漠地带（干旱）	（1）祁连山西部—哈梅尔山区
	（2）柴达木盆地
	（3）昆仑—阿尔金山地

第八节　中国"三五"计划中的空间秩序

第三个五年计划：中华人民共和国 1966—1970 年的国民经济发展计划，简称"三五"计划。"三五"计划从 1964 年初开始研究和编制，指导思想经历了由"解决吃穿用"到"以战备为中心"的变化，从准备大打、早打出发，积极备战，把国防建设放在第一位，加快"三线"建设。其中与空间秩序相关内容有：

第三个五年计划必须立足于战争，从准备大打、早打出发，积极备战，把国防建设放在第一位，加快三线建设，逐步改变工业布局；发展农业生产，相应地发展轻工业，逐步改善人民生活；加强基础工业和交通运输的建设；充分发挥一、二线的生产潜力。要从备战的需要出发，来考虑各项建设的安排。我们必须遵循主席的指示，突出三线建设，集中国家的人力、物力、财力，把三线的国防工业，原料、材料、燃料、动力、机械、化学工业，以及交通运输系统逐步地建设起来，使三线成为一个初具规模的战略大后方。

第九节　中国"四五"计划中的空间秩序

第四个五年计划，简称"四五"计划。1970 年开始进行编制，并由 1971 年开始实施至 1975 年结束。1973 年，中共中央两次修改"四五"计划的高指标，逐步调整了以战备为中心的战略，开始强调经济效益，注意沿海和"三线"地区并重，大规模的三线建设进入收尾阶段。1975 年"四五"计划得到了基本完成。其中与空间秩序相关内容有：

主要任务是狠抓战备，集中力量建设大三线强大的战略后方，改善布局。建立经济协作区和各自特点、不同水平的经济体系，做到各自为战，大力协同。将全国划分为西南区、西北区、中原区、华南区、华北区、东北区、华东区、闽赣区、山东区、新疆区 10 个经济协作区。

第十节 毛泽东"三个世界划分"理论中的空间秩序

1. 概况

毛泽东"三个世界划分"理论萌芽于20世纪40—50年代"一个中间地带"思想，雏形于60年代的"两个中间地带"思想，于70年代初在考量国际形势变化的基础上正式形成，该理论将世界划分为三个世界。这一理论的逐渐成熟化，恰恰是基于冷战时代国际社会总体形势演变，特别是大国博弈和民族独立运动发展的历史背景，围绕国家安全和民族独立进行政治思考的结果。

该空间秩序以国家实力为标准，即以军事实力、经济实力为标准，划分为"三个世界"。毛泽东认为，"美国、苏联原子弹多，也比较富"，属于第一世界。"欧洲、日本、澳大利亚、加拿大，原子弹没有那么多，也没有那么富"，属于第二世界。中国和其他亚、非、拉国家属于第三世界。

突破了以意识形态和社会制度划线的框框，以称霸与反霸斗争为标准，划分国际政治中的"三个世界"。在苏联出兵占领捷克斯洛伐克和挑起珍宝岛事件后，毛泽东清楚地认识到，苏联的对外行为是为了霸权利益，它与美国的对抗不是两种社会制度之间的斗争，而是两个超级大国争夺世界霸权的博弈。因此，美苏"是当代最大的国际剥削者和压迫者，是新的世界战争的策源地"。这是毛泽东将苏美两国认定为第一世界的重要依据，同时赋予了第三世界作为反对霸权统一战线设想的政治弹性，"三个世界划分"空间秩序对于中国外交政策的科学制定具有重大意义。

2. 结果

毛泽东基于70年代的国际形势变化，在"一个中间地带"和"两个中间地带"思想的基础上提出了"三个世界划分"理论，将世界划分为三个世界，具体划分如表5-6。

表5-6　　　　　　　　　　　三个世界的划分

三个世界	国家
第一世界	美国、苏联
第二世界	日本、欧洲、澳大利亚、加拿大
第三世界	亚洲（除日本外）、非洲、拉丁美洲

第十一节　《国外农业气候区划的研究》中的空间秩序

　　1972年，苏联地球物理观象总台出版了《世界农业气候图集》，其中有一幅世界农业气候区划图。该区划采用了三级指标：①按热量条件（≥10℃积温）划分了寒带、温带、亚热带和热带4个带；②按水热系数（ГТК）划分4个湿润地带，ГТК<0.5为干旱地带，0.5—1.0为半干旱地带，1.0—1.5为湿润地带，>1.5为过湿润地区；③按照农作物越冬条件划分5个地带，A区全年进行田间工作，最冷月气温>0℃；Б区域冬季温和，无稳定积雪最冷月气温在0℃—5℃之间；В区冬季温和，但可以保证农作物越冬，最冷月气温在-5℃—15℃；Г区冬季严寒，不能保证农作物安全越冬，最冷月气温在-15℃—-20℃；Д区冬季非常严寒，冬作物和果树都不能种植。

　　日本内岛从利用农业气候资源出发，对日本栽培水稻的热量和水分条件做了分析，制定了日本的水稻气候区划。根据水田的水分平衡和热量平衡，可以把水田划为4个区，组成7个水稻气候区，寒冷半干旱区（AⅢ），寒冷半湿润区（AⅡ），冷凉半干旱区（BⅢ），冷凉半湿润区（BⅡ），温暖半湿润区（CⅡ），双季稻湿润区（DⅠ）；双季稻半湿润区（DⅡ）。

　　小泽以土地利用规划为前提为土地分级做了气候分区。分区的一级指标是热量，用温度指数表示；二级指标是水分，用雨量系数和降水季节分配表示；三级指标是积雪深度及其持续日期。此外，还考虑了寒冷指数和降水量。

　　所谓温度指数就是月平均温度>5℃的有效积温，55℃为温带林和寒带林的界线，75℃为旱作两年三熟的界线，100℃为稳定的一年两熟界线，120℃为双季稻的界线，130℃为亚热带作物的栽培界线。雨量系数是某个时期总降水量与同期月平均积温之比。按雨量指数划分若干地区：本州西部型（夏半年干燥，冬半年湿润）；本州东部型（冬夏水分较适宜）；南海型（夏半年湿润，冬半年较适宜）；濑户内型（冬干）。降水季节分配率即4—9月降水量与全年降水量之比：本州西部在50%以下，本州东部为60%—70%，九州地区在70%以上。按积雪深度及其持续期分3个区：平均最大积雪深度大于100cm并持续120天以上，在50cm和80天以上；在50cm和40天以上或在50cm以下和80天以上。

  1977年年底，印度完成了农业气候区划。印度的萨布拉赫曼尼阿姆认为，热量和水分是两个最重要的因素。因此，必须把它们对农作物或植物有效生长和发育的有利程度作为气候分类的基础。区划的基本指标应该是今年的有效水分和热量，其次是它们的季节变化。他认为，这样的气候分类对印度是很有用的。为解决特殊的农业问题，还必须考虑如下因子：(1) 对植物营养生长起重要作用的因子：水分平衡，辐射和温度，无霜期。(2) 对植物生殖生长起重要作用的因子：昼长，辐射和温度的变化，暖季和冷季的温度日较差；无霜期；雨季和旱季的长度。

第十二节　"多极世界理论"中的空间秩序

  1973年，美国地理学家S. B. 科恩提出地缘政治战区模型，将世界分为海洋贸易区和欧亚大陆区两个地缘战区：海洋贸易区包括北美—加勒比地区、西欧—马格里布、东亚诸岛—大洋洲、南美、撒哈拉沙漠以南非洲5个地缘政治区；欧亚大陆区包括"心脏地带"和东欧、东亚两个地缘政治区。此外，两区之间夹有南亚、中东和东南亚3个区，其中南亚是潜在的地缘战区，而中东和东南亚处于超级大国的势力范围之间，各国相互对立缺乏政治一致性，被称为破碎带。1982年，科恩修改这一模型，指出原属战争政治区的西欧、日本、中国已发展为世界大国，与美国、苏联构成多核世界。印度、巴西、尼日利亚的作用和地位上升，撒哈拉以南到南非的地区则转变为第三个破碎带。该区划将全球分为4

个一级区划，9个二级区划（具体结果如表5-7）。

表5-7　　　　　　　　　　　多极世界理论

一级区划	二级区划
海洋贸易区	美洲和加勒比区
	沿海欧洲和马格里布区
	撒哈拉以南非洲区
	亚洲离陆国家和大洋洲区
欧亚大陆区	大陆腹地与东欧区
	东亚区
破碎地带	中东破碎带区
	东南亚破碎带区
独立的地缘政治区	南亚区

第十三节　《满天星斗：苏秉琦论远古中国》中的空间秩序

考古学文化的区系类型学说，首次由中国现代考古学泰斗苏秉琦先生于1975年提出。在《学科改造与建设——1975年8月间为吉林大学考古专业同学讲课提纲》中，苏秉琦先生通过比较分析诸多新石器时代典型遗址材料相互间发展的特性、共性和不平衡性，划分了中国古文化大系内部的六大文化格局区（具体如表5-8）。

表5-8　　　　　　中国古文化大系内部的六大文化格局区

文化格局区	典型遗址
中原区	仰韶前、仰韶后、龙山前、龙山后
沿海区	大汶口前、大汶口、大汶口后、龙山
东南区	青莲岗、崧泽前、崧泽后（良渚前）、良渚
江汉区	红花、大溪、屈家岭前、屈家岭后
甘青区	仰韶前、马家窑、齐家前、齐家后
北方区	仰韶前、红山、富河前、红山后期、夏家店下层文化前

第十四节 《中国地文大区区划》中的空间秩序

1. 概况

由斯坦福大学 1977 年出版的 *The City in Late Imperial China* 中涉及的空间秩序如下：美国学者施坚雅（G. W. Skinner）在德国和美国的地理学理论基础上提出了"地文大区"（physiographic macroregions）的概念，即综合地理、经济与文化因素，以流域盆地为主来进行划分。施坚雅关心的核心问题是中国的区域经济结构和体系，地区的功能性连接是分区的基本考虑，该书将全国划分为九大地文区，分别为：西北、华北、长江上游、长江中游、长江下游、岭南、东南沿海、云贵和满洲。

2. 结果

中国地文大区的区划毫无例外是按流域盆地来确定的，即所有地区都依分水岭来定界（除少数地方地区跨越界河外），并且多半按照水脉的山顶分界。这 9 个地区实际上包括了中国所有的农业区，在西部地区，划定地区边界时，不包括从划界地点起 6 条河上游的那些干旱或荒凉的流域。云贵高原实际上没有河流可通航，所有官方和商业方面的运输都通过陆路进行，划定边界大致范围包括江水（西江的一条支流）、乌江（长江的一条支流）和金沙江（长江上游名）的上游部分。岭南是流域盆地，包括西江、北江和东江。东南沿海包括从武夷山奔流入海的大量河流形成的盆地。长江下游地区，其中心是富饶的江南地带包括钱塘江和其他流入杭州湾的河流的流域。长江中游地区包括 4 条主要支流的巨大流域——汉水、赣江、湘江和沅江。长江上游地区有富饶的四川盆地作为其中心地带。西北地区大部分由黄河上游流域组成，并且像往常一样已经扩展到包括有甘肃走廊主要绿洲的内陆排水系统。华北包括黄河下游流域，加上淮河、渭河，以及许多穿过华北平原的较小河流的排水区域。

由于汉族大规模到满洲地区定居也只是清朝最后十年的事情，因此在 19 世纪 90 年代前满洲几乎没有得到什么发展，而且它的城市体系还在萌芽阶段，至多是刚刚出现。20世纪的发展使满洲迅速发生变化，并使它成为中国城市化最发达的地区。如果要按行政级别那样对到1893年为止的城市进行分类，则不包括满洲地区。

中国九大地文大区区划面积、人口估计和人口密度如表5-9。

表5-9　　中国九大地文大区区划面积、人口估计和人口密度
（1843、1893和1953）

大区	面积（平方千米）	1843年人口（百万）/密度	1893年人口（百万）/密度	1953年人口（百万）/密度
华北	746470	112150	122163	17233
西北	771300	2938	2431	3242
长江上游	423950	47111	53125	68160
长江中游	699700	84120	75107	92131
长江下游	192740	67348	45233	61316
东南沿海	226670	27119	29128	36159
岭南	424900	2968	3378	47111
云贵	470570	1123	1634	2655
满洲	/	/	/	/
合计	3956300	406103	397100	536135

注：由于按行政级别对城市进行分类，满洲地区无行政区划，不能统计。

第十五节　《中国气候区划（1978）》中的空间秩序

中国气象局于1978年利用1951—1970年将近600个站的资料，以多年5天滑动平均气温稳定通过（≥）10℃天数为气候带的划分指标编绘。如此，可以比较好地显示出各气候带的水平和垂直性地带性。在此分作带、大区和区的三级气候区划中，每一级都使用各自同一气候要素指标进行气候区划。海拔3000m以下地区共划分为9个气候带、18个气候大区和53个气候区；海拔3000m以上的青藏高原划分为4个高原气候带和12个气候大区，具体区划结果如表5-10。

表 5-10　中国气候区划方案

	I 寒温带	II 中温带	III 暖温带	IV 北亚热带	V 中亚热带	VI 南亚热带	VII 边缘热带	VIII 中热带	IX 赤道热带	P I 高原寒带	P II 高原亚寒带	P III 高原亚温带	P IV 高原温带
温润	I ATa 根河区	II ATb 小兴安岭区 II ATc 三江-长白山区	III ATa-b 川滇藏区 III ATb-c 川滇黔区	IV ATb 滇北区 IV ATd-e 贵州区 IV ATe-f 汉水上游区 IV ATg 长江中下游区	V ATc 滇中区 V ATf₁ 川鄂湘黔区 V ATf₂ 四川盆地区 V ATg₁ 长江上游河谷区 V ATg₂ 江南区	VI ATd 滇南区 VI ATe-f 桂西区 VI ATg₁ 闽南珠江区 VI ATg₂ 台北台南区	VII ATe₁ 藏东南区 VII ATe₂ 西双版纳区 VII ATe₃ 德宏区 VII ATf 河口区 VII ATg₁ 雷琼区 VII ATg₂ 台南区	VIII ATg 西沙中沙群岛区	IX ATg 南沙群岛区		P II A 黄河河曲区	P III A 川西区	
亚温润		II BTb₁ 大兴安岭区 II BTb₂ 陕甘宁区 II BTc-d 松辽区	III BTd-e 晋陕甘区 III BTe 燕山辽东山东半岛区 III BTf 黄淮海 渭河区		IV、V、VI ATb-d 达旺-察隅区	VI BTe 金沙江河谷区	VI BTg₁ 元江区 VI BTg₂ 琼西区				P II B 海南区	P III B₁ 藏东区 P III B₂ 甘南区	P IV B 横断山脉区

续表

I 寒温带	II 中温带	III 暖温带	IV 北亚热带	V 中亚热带	VI 南亚热带	VII 边缘热带	VIII 中热带	IX 赤道热带	PI 高原寒带	PII 高原亚寒带	PIII 高原亚温带	PIV 高原温带
亚干旱	II CTa 天山区 II CTa-b 西 宁-民和区 II CTb 蒙东 区 II CTc₁ 蒙 中区 II CTc₂ 阿尔泰山区 II CTc-d₁ 松 辽上游区 II CTc-d₂ 伊 宁区									PII C₁ 南 羌塘区 P II C₂ 海 北区	PIII C₁ 藏 南区 PIII C₂ 青海 湖区	PIVC 雅鲁 藏布 江区

续表

	I 寒温带	II 中温带	III 暖温带	IV 北亚热带	V 中亚热带	VI 南亚热带	VII 边缘热带	VIII 中热带	IX 赤道热带	PI 高原寒带	PII 高原亚寒带	PIII 高原亚温带	PIV 高原温带
干旱		IIDTb₁ 乌恰—阿合奇区 IIDTb 和布克赛尔区 IIDTc₁ 塔城区 IIDTc₂ 额尔齐斯—乌伦古河区 IIDTd 蒙西宁夏河西走廊区 IIDTe–f 准噶尔盆地区	III DTd 黄河上游河谷区										
极干旱		II ETa 柴达木盆地区 II ETe–f 巴丹吉林—腾格里沙漠区	III ETe 塔里木盆地地区							PID 北羌塘区			

第十六节 《中国自然区域及开发整治》中的空间秩序

任美锷在《中国自然区域及开发整治》中论述了自然地理区的划分原则、方法与区划方案，将全国分为若干自然带，提出了新的区划原则和方案，分为 8 个自然区、28 个自然亚区和 42 个自然小区，以小区为重点进行说明，按自然区阐述资源利用与环境整治问题（结果见表 5 – 11）。

表 5 – 11　　　　　　　　　中国自然地理区划

区	亚区	小区
东北区（Ⅰ）	大兴安岭北部亚区（ⅠA）	
	小兴安岭及东部山低亚区（ⅠB）	三江平原小区（ⅠB1）
		小兴安岭及东部山低小区（ⅠB2）
	松嫩平原亚区（ⅠC）	山前低山、丘陵、漫岗小区（ⅠC1）
		松嫩平原小区（ⅠC2）
华北区（Ⅱ）	辽东半岛与胶东半岛亚区（ⅡA）	
	华北平原亚区（ⅡB）	下辽河平原小区（ⅡB1）
		黄淮海平原小区（ⅡB2）
		冀北山地小区（ⅡB3）
		鲁中山地小区（ⅡB4）
	黄土高原亚区（ⅡC）	山西高原小区（ⅡC1）
		陕北、陇东高原小区（ⅡC2）
		陇西高原小区（ⅡC3）
华中区（Ⅲ）	江汉、秦岭亚区（ⅢA）	长江三角洲平原小区（ⅢA1）
		长江中下游平原小区（ⅢA2）
		秦岭、大巴山地小区（ⅢA3）
	江南、南岭亚区（ⅢB）	江南低山、丘陵、盆地小区（ⅢB1）
		四川盆地小区（ⅢB2）
		贵州高原小区（ⅢB3）
		南岭山地小区（ⅢB4）
		广西北部小区（ⅢB5）

续表

区	亚区	小区
华南区（Ⅳ）	两广、闽南及台湾亚区（ⅣA）	台湾与澎湖小区（ⅣA1）
		闽、粤沿海丘陵、平原小区（ⅣA2）
		桂南盆地小区（ⅣA3）
	雷州、海南亚区（ⅣB）	雷州半岛小区（ⅣB1）
		海南岛小区（ⅣB2）
	南海诸岛亚区（ⅣC）	
西南区（Ⅴ）	云南高原亚区（ⅤA）	
	横断山脉亚区（ⅤB）	
	滇南山间盆地亚区（ⅤC）	
内蒙区（Ⅵ）	内蒙东部亚区（ⅥA）	呼伦贝尔高原小区（ⅥA1）
		大兴安岭南部及西辽河平原、丘陵小区（ⅥA2）
	内蒙中部亚区（ⅥB）	锡林郭勒高原小区（ⅥB1）
		集宁、呼和浩特盆地小区（ⅥB2）
		鄂尔多斯东部小区（ⅥB3）
	内蒙西部亚区（ⅥC）	百灵庙高原小区（ⅥC1）
		河套平原及鄂尔多斯西部小区（ⅥC2）
西北区（Ⅶ）	北疆亚区（ⅦA）	阿尔泰山及准噶尔界山小区（ⅦA1）
		准噶尔盆地小区（ⅦA2）
	天山山地亚区（ⅦB）	天山山地小区（ⅦB1）
		伊犁谷地小区（ⅦB2）
	南疆亚区（ⅦC）	塔里木盆地小区（ⅦC1）
		吐鲁番及哈密盆地小区（ⅦC2）
		北山戈壁与噶顺戈壁小区（ⅦC3）
	阿拉善、西亚区（ⅦD）	河西走廊小区（ⅦD1）
		阿拉善高原小区（ⅦD2）
	祁连山地亚区（ⅦE）	
	柴达木盆地亚区（ⅦF）	

续表

区	亚区	小区
青藏区（Ⅷ）	川西、藏东分割高原亚区（ⅧA）	
	东部高原亚区（ⅧB）	
	藏北高原亚区（ⅧC）	
	阿里高原亚区（ⅧD）	
	藏南谷地与喜马拉雅高山亚区（ⅧE）	喜马拉雅山南翼小区（ⅧE1）
		藏南谷地小区（ⅧE2）

第十七节 《中国生态地理动物群区划》中的空间秩序

1979年，张荣祖先生通过归纳和总结，将中国生态动物地理群区划分为8个大群、8个亚区，具体区划结果如表5-12。

表5-12　　　　　　中国生态动物地理群区划

群	亚区
Ⅰ寒温带针叶林动物群	
Ⅱ温带森林、森林草原动物群，农田动物群	Ⅱ-1温带森林动物群
	Ⅱ-2温带森林草原动物群
Ⅲ温带草原动物群	
Ⅳ温带荒漠、半荒漠动物群	Ⅳ-1荒漠动物群
	Ⅳ-2半荒漠动物群
	Ⅳ-3高原荒漠动物群
Ⅴ高山森林草原、草甸草原、寒漠动物群	Ⅴ-1高地森林草原动物群
	Ⅴ-2高地草甸草原动物群
	Ⅴ-3高地寒漠动物群
Ⅵ亚热带灌林草地—农田动物群	
Ⅶ热带森林、灌林、草地—农田动物群	
Ⅷ农田（绿洲）动物群	

第十八节 "T形"发展战略与"点—轴系统"理论中的空间秩序

20世纪80年代，陆大道院士提出了"T形"发展战略，即由沿海为一个战略轴线，沿江为主轴线形成的整体空间格局。他进一步阐释了"T形"发展战略：海岸经济带和长江经济带两个一级重点经济带形成"T形"，并在长江三角洲交汇，长江经济带将成渝地区、武汉地区与海岸经济带联系起来，这种空间结构准确反映了我国国土资源、经济实力以及开发潜力的分布框架。陆大道说，在生产力布局方面，应以东部沿海地区和横贯东西的长江沿岸相结合的"T形"结构为主轴线，以其他交通干线为二级轴线，按照点、线、面逐步扩展的方式展开生产力布局。另外，不能简单地划定重点区域与非重点区域、"拍脑袋决策"，应该使我国的生产力布局按照客观规律和科学模式进行。拥有物流、人流和信息流等优势的长江经济带是今后一段时期国家区域发展的战略重点，未来将可以发展成为以超大能力的综合运输通道为支撑的、潜力极其巨大的长江经济带。

早在1984年9月，陆大道在全国经济地理与国土规划学术会议上作了"2000年我国生产力布局总图的科学基础"的大会报告。在报告中，他提出生产力和经济布局的"点—轴系统"理论及我国国土开发与经济布局的"T"字形空间战略。"T"字形空间战略与"点—轴系统"理论具有严谨的逻辑关联，一个是理论基础，一个实践应用，已经成为一个不可分割的理论和实践的关系。

"点—轴系统"理论是建立在德国地理学家瓦尔特·克里斯塔勒的"中心地理论"基础上的。哈格斯特朗等理论地理学家在20世纪六七十年代就证明类似物体空间相互作用原理，社会经济客体存在空间扩散和空间集聚两种倾向。由法国经济学家F.佩罗克斯在50年代提出来的增长极理论，即区域发展往往从一个点开始，增长极理论是不平衡发展理论的依据之一。这几个方面的理论是提出"点—轴系统"的科学基础。

"点—轴系统"理论的核心是关于区域的"最佳结构与最佳发展"的理论模式的概括。"点—轴系统"是区域发展的最佳空间结构,区域经济要取得最佳的发展,必须要以"点—轴系统"理论对社会经济的客体进行组织。这个理论还回答了区域发展过程与地理格局之间的关系。"点—轴系统"反映了社会经济空间组织的客观规律,是最有效的国土开发和区域发展的空间结构模式。大量的区域经济发展实践已经证明了其理论的科学性。

"点—轴系统"理论和"T"字形空间战略的提出,是对我国工业布局、区域发展战略的教训和经验的总结,是陆大道长期参与中国工业布局实践的思考的产物,是他对我国工业布局30年经验和教训的深刻总结和反思。他极力想寻找一种指导工业布局实践的科学理论,以避免因工业布局的失误给国家社会经济发展带来的损失。他深刻地体察到国家实施科学的区域发展战略是多么重要。科学的区域发展战略必须要基于科学的理论指导。因此,"点—轴系统"理论和"T"字形空间战略的形成是基于对工业布局和区域发展战略的严重教训的总结和反思,特别针对20世纪80年代国内区域战略转移的重点和非重点区划分的讨论,以及提出国家区域战略的大转移,这一切引发了他对立足于中国国情的科学的空间结构理论,以及科学区域空间战略实践的探索。因此,"点—轴系统"理论及"T"字形空间战略的提出,在关键历史时刻发挥了重大的作用,避免了因战略转移给国家社会经济带来的损失。

"点—轴系统"理论的核心观点就是点—轴渐进式地扩散,这符合"地理过程与空间格局"的基本规律。长期以来,人们为区域发展集中还是分散、"一线"还是"三线"、沿海还是内地所困扰。如果能科学地规定各级重点的点、轴,形成有机的点轴体系,即可以在相当程度上解决这个问题。"点—轴系统"理论改变了长期以来区域发展的切块的思维,即划分重点区和非重点区的思维。点—轴渐进式扩散的模式符合区域经济发展的空间规律,特别是对于中国这样一个国土面积大、自然条件差异大的发展中大国,区域经济要由不平衡走向平衡,不是短期能够实现的,这符合威廉姆斯提出的倒"U"字形的规律。

第十九节 "三大经济地带"中的空间秩序

20世纪80年代中期制定"七五"计划时，将全国划分为3个经济地带，经济地带是在一定时期依据地区经济、技术水平发展的差异以及地理位置，将一个国家的领土划分为若干地带，它是一定时期内一个国家经济、技术水平在地域空间上差异的具体表现。目前，国家确认的东部地带包括北京、天津、河北、辽宁、上海、江苏、浙江、福建、山东、广东和海南11个省（市）；中部地带包括山西、吉林、黑龙江、安徽、江西、河南、湖北、湖南8省；西部地带包括重庆、四川、贵州、云南、西藏、陕西、甘肃、青海、宁夏、新疆、广西、内蒙古等12个省（区、市）。

三大经济地带是根据"梯度推移论"对生产力进行布局的，国家实行了非均衡发展战略，东部优先，带动中、西部发展的战略。其中心思想是：根据我国固定资产投资和生产力布局的重点，经济建设的顺序应是先东部、次中部、后西部，实行梯度开发。实质上这是一种把经济建设的重心或生产力布局的重点由经济技术水平高、自然资源相对贫乏的地区向经济技术水平落后、自然资源相当丰富的地区滚动式转移。

从积极的角度看，为了合理开发国土资源和布局生产力，合理使用财力、物力、人力，尽快改变经济落后面貌，我国经济地带划分的原则既要考虑自然条件和自然资源的差异性，又要侧重于经济技术发展水平的差异性，同时还要考虑区内外经济联系的便捷性和现行省、区、市行政区划的完整性。因此，将国土划分为东、中、西部三大地带是比较合理的，对于认识我国经济发展的态势和生产力布局起到了一定作用。目前，国家在确定区域发展支持政策时基本还是按三大地带确定标准。